AI学习法

·漫画版·

Alex学长◎著

友荣方略　大车库◎绘

人民邮电出版社

北京

图书在版编目（CIP）数据

AI 学习法 / Alex 学长著 ；友荣方略，大车库绘.
北京 ： 人民邮电出版社，2025. -- ISBN 978-7-115
-66863-9

Ⅰ. G634.673

中国国家版本馆 CIP 数据核字第 202588GE90 号

♦ 著　　　Alex 学长
　　绘　　　友荣方略　大车库
　　责任编辑　徐竞然
　　责任印制　周昇亮
♦ 人民邮电出版社出版发行　　北京市丰台区成寿寺路 11 号
　　邮编　100164　电子邮件　315@ptpress.com.cn
　　网址　https://www.ptpress.com.cn
　　文畅阁印刷有限公司印刷
♦ 开本：880×1230　1/32
　　印张：8　　　　　　　　　2025 年 4 月第 1 版
　　字数：87 千字　　　　　　2025 年 4 月河北第 1 次印刷

定价：52.80 元

读者服务热线：**(010) 81055296**　印装质量热线：**(010) 81055316**
反盗版热线：**(010) 81055315**

前言

　　亲爱的小勇士们，你们知道吗？世界上有很多神奇的东西，一开始看起来会让人有点害怕，比如第一次骑自行车、第一次上台表演……但只要勇敢尝试，就会发现它们其实藏着许多惊喜！

　　AI 就是这样一位"新朋友"——它可能看起来有点神秘，但其实比想象中温暖得多！

想象一下，如果你有一个永远不会累的朋友：

当你被数学题困住时，它会像最耐心的老师一样，用你能听懂的方式一步步拆解；

当你记不住英语单词时，它会像动画片导演一样，把"apple"变成会唱歌的苹果精灵；

当你写作文卡壳时，它会像故事大王一样，给你十个超有趣的剧情选择……

最棒的是：它从不生气！就算你问了"为什么 1+1 等于 2"，它也会耐心回答。

翻开这本书，你将一头扎进 AI 与学习交织的奇妙世界！这本书不仅会告诉你什么是 AI，还会介绍在 AI 时代必备的五大"超能力"，以及七种和 AI 愉快聊天的神奇提问法。更有 30 个超实用的 AI 高效学习策略，助你一路"披荆斩棘"。此外，本书还巧妙地把 AI 与知名的学习法相结合，让你的学习力瞬间飙升。总之，这本书就是要帮你驾驭 AI，开启一段超酷的高效学习新旅程！

人 物 简 介

芝士君（知识君）
学识渊博、才华横溢、诲人不倦

蒜哥
喜欢装蒜、盲目自信、
爱拿腔拿调

鲨不闲
"铁憨憨"、注意力容易分散、
立志不当"咸鱼"

兔飞飞
灵活、理解能力强、善于梳理总结

目录

AI 助学科学习，
知识轻松掌握

AI 促习惯养成，自律不再困难

AI 帮突击考试，成绩显著提升

AI 推终身学习，成长永不止步

AI 帮我学超厉害：如何把 AI 外挂和
世界顶级学习法结合起来 / 175

第 7 章　关于 AI，你可能会问 / 209

第 1 章

认识 AI

1.1 什么是 AI

亲爱的同学，不知道你发现了没有，在我们生活的这个时代，出现了一个超级厉害又有趣的东西，它就是 AI。

也许有的同学会问，AI 到底是什么呢？AI 的中文名字叫人工智能，简单来说，就是让机器变得像我们人类一样聪明，能够思考、学习和解决问题。比如说，我们用的智能手表，可以帮我们记录运动步数、提醒时间；还有智能手机里的语音助手，只要我们跟它说说话，它就能帮我们打开应用、查找信息。这些都是 AI 在发挥作用。再比如，一些智能机器人能像人一样走路、说话，甚至还能做一些复杂的工作，这背后也是 AI 的功劳。

　　AI 其实已经应用在我们生活的很多方面。当我们看动画片的时候，有些动画片里的角色动作非常流畅、表情特别生动，这可能就采用了 AI 技术来制作。在我们玩的一些游戏里，游戏角色能够根据我们的操作做出不同的反应，这也是 AI 的神奇之处。

　　在购物的时候，AI 也无处不在。当我们在线上购物平台浏览商品时，平台会根据我

们以往的购买记录和浏览偏好，为我们推荐可能感兴趣的商品。比如你之前买过几本漫画书，平台就会给你推送更多同类型或者热门的漫画书。还有智能客服机器人，能快速回答我们关于商品的疑问，比如尺码、颜色、功能等，让我们的购物体验更加便捷。

我们居住的智能小区里也有AI的身影。小区门口的人脸识别门禁系统，也是通过AI技术快速

"奇思妙想"
小贴士

动脑筋想想，和AI聊聊：树木会不会做梦，它们"梦"到的内容会和人类一样吗？

准确地识别业主的身份，让我们进出小区更加安全和方便。还有小区内的智能安防摄像头，能够利用AI算法自动识别异常行为，比如一旦有人翻围墙、在小区内奔跑等，就能及时通

知物业人员处理，保障小区的安全。

　　在医疗领域，AI 更是有着巨大的贡献。医生可以借助 AI 诊断工具，对我们的身体进行更准确的检查和诊断。例如，通过分析医学影像，AI 能够帮助医生发现一些早期的疾病症状，像肺部的小结节、脑部的病变等，从而让患者得到更及时的治疗。而且，AI 还可以根据患者的病情和身体状况，为医生提供个性

化的治疗方案建议，提高治疗效果。

　　就连我们每天使用的学习工具也离不开AI。电子词典利用 AI 技术，可以快速准确地查询单词的含义、发音和例句，还能根据我们的学习进度和掌握情况，推送相关的单词练习。智能错题本则能自动整理我们做错的题目，分析错误原因，并提供类似的题目让我们巩固练习，帮助我们更好地掌握知识。

可以说，AI 就像一个超级魔法棒，在我们生活的各个角落施展着它的魔力，让我们的生活变得更加美好、便捷和智能。随着科技的不断发展，相信未来 AI 还会给我们带来更多意想不到的惊喜和变化，我们也能在 AI 的陪伴下，更加快乐地学习和成长。

1.2 怎么用 AI

同学们，有很多厉害的 AI 工具能帮我们学习，不管是用电脑还是手机，使用起来都特别方便。

在电脑上，打开浏览器，访问 AI 工具的官网并登录账号，就能和它"畅聊"啦。手机的话，就在应用商店搜索相关软件，下载安装后登录，也可以开始对话。

使用这些工具就像在微信上聊天一样简单。学习上遇到任何疑惑，比如数学题解不出来、作文不知道怎么写，都可以像跟小伙伴聊天那样，把问题清晰地告诉它们。

如果在下载或使用过程中遇到任何困难，别着急，可以找爸爸妈妈或者老师帮忙，他们肯定会帮你搞定。

下面是一些常见的"万能助手"。

DeepSeek：DeepSeek 是一款先进的 AI 助手，具备强大的语言处理和推理能力。它能理解用户意图，生成高质量回答，并支持多语言交流。其优势在于高效推理、中文优化出色、技术架构先进且训练成本低。

豆包：字节跳动公司开发的 AI 智能体，能够提供聊天机器人、写作助手以及英语学习助手等功能，可以回答各种问题并进行对话，帮助用户获取信息，能在电脑和手机上使用。

百度文心一言：国内较早的类 GPT 产品之一，具备文本聊天、AI 绘画、代码生成等综合性功能，增加实时联网搜索功能后，回答问题的准确性和信息实时度大大提高。

腾讯元宝：腾讯自研混元大模型的 AI 助手 App，提供 AI 搜索、文档总结、AI 写作、作图绘画等功能，帮助用户提升工作效率和丰富日常生活，适用于多种场景。

讯飞星火：支持文本与绘画功能，智能体丰富，如周报助手、绘画大师等，能生成 PPT 大纲与各种模板的 PPT，还可设置不同风格。

文心一格：百度推出的 AI 绘画工具，绘画能力优秀，功能全面，包含换背景、艺术字设计、图片改尺寸、一键消除修复、图片变高清等功能。

通义万相： 阿里云推出的 AI 绘画创作大模型，可提供 AI 艺术创作，可支持文生图、图生图、涂鸦作画、虚拟模特、个人写真等多场景的图片创作能力。

KIMI： 由国内企业月之暗面开发推出，有清华大学背景，可结合搜索结果为用户提供更全面的回答，具有超长文字处理能力，最多支持 20 万字的输入和输出。

第 2 章

为什么我们需要用
AI 来学习

2.1　AI 能为我们提供个性化的学习

　　每个同学都是独特的，有的擅长数学，有的喜欢语文；有的学得快，有的学得慢。在传统的课堂上，老师为了照顾到全班同学，很难真正做到因材施教。但 AI 就不一样了，它可以通过分析我们做的练习题、考试的成绩，还有我们在学习过程中的表现，了解我们哪里学得好，哪里还需要加强。然后，它会专门为我们制订学习计划，推送适合我们的学习内容。比如，如

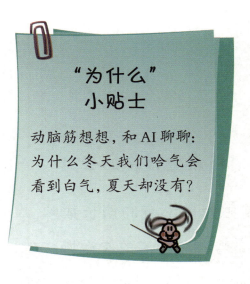

**"为什么"
小贴士**

动脑筋想想，和 AI 聊聊：
为什么冬天我们哈气会
看到白气，夏天却没有？

果 AI 发现你在乘法运算方面不太熟练，它就会给你推送更多乘法练习题和讲解视频，帮助你把这个知识点牢牢掌握。这样，我们就能更好地按照自己的节奏和需求来学习，学习效果也会大大提高。

2.2　AI 能让学习变得更有趣

有时候，学习可能会有点枯燥，特别是当我们遇到一些很难的知识点或者要做很多练习题的时候。但是 AI 可以把学习变得像玩游戏一样有趣。比如说，在学习英语单词的时候，你可以让 AI 设计一些有趣的游戏，像单词拼图、单词接龙等。这样我们在玩游戏的过程中，不知不觉就记住了很多单词。还有学习科学知识的时候，AI 可以用动画、视频的方式展示一些科学实验和自然现象，让我们更直观地理解这些知识。比如，AI 能够通过动画展示火山喷发的过程，让我们清楚地看到火山是怎么形成的，岩浆是怎么喷出来的，这可比单纯看书本上的文字要有趣多了。

2.3 AI 可以随时为我们解答问题

在学习的过程中，我们难免会遇到各种各样的问题。在学校里，我们要等老师有时间了才能去问，有时候可能还不好意思问。但现在有了 AI，我们只要把问题输入进去，它就能马上给我们详细解答。而且，AI 还会用我们能理解的方式来解释，就像有一个超级有耐心的小老师一直在我们身边一样。比如，往 AI 里输入一道数学难题，AI 不仅会告诉我们答案，还会一步一步地给我们讲解解题的思路

AI 不仅会告诉我们答案，还会给我们讲解解题的思路和方法。

和方法，让我们真正明白为什么要这样做。

2.4　AI 能帮助我们拓宽知识面

　　书本上的知识是有限的，但 AI 能提供的知识是无限的。当我们对某个知识点感兴趣时，AI 可以给我们推荐很多相关的书籍、文章、视频等。比如，我们在书本上看到恐龙，想要了解更多关于恐龙的种类、生活习性等方面的内容，AI 就可以帮我们找到很多有趣的资料，让我们的视野变得更开阔，知道的东西越来越多。

2.5　AI 能高效分析我们的学习效果

　　AI 能够记录我们的学习过程和成绩变化，通过大数据分析，为我们提供详细的学习报告。报告中会指出我们哪些知识已经掌握得很好了，哪些知识还需要进一步加强，并给我们提出改进的建议。比如，如果我们在历史考试中，关于古代史的部分得分较低，AI就会分析出我们在古代史的哪些知识点上存在问题，然后给我们提供相关的复习资料和学习建议，帮助我们有针对性地提高成绩。

2.6 AI能激发我们的创意与灵感

在创意性较强的学习领域，比如在进行美术创作时，AI可以展示海量的艺术作品，涵盖各种风格和流派。我们不仅能欣赏这些作品，还能通过AI对作品色彩运用、构图技巧等进行分析，获得创作灵感。而在写作方面，当我们遇到思路瓶颈时，AI可以根据我们设定的主题，提供故事梗概、情节转折等建议。比如，我们要写一篇科幻小说，AI就能给出一些新奇的科

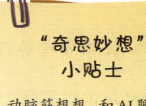

"奇思妙想"
小贴士

动脑筋想想，和AI聊聊：星星为什么会一闪一闪的，是在和我们玩捉迷藏吗？

幻设定和情节发展方向，帮助我们打开思路，创作出更精彩的故事。

2.7　AI可以培养我们的思维能力

AI会为我们提供一些有趣的问题和挑战，让我们去思考、去解决，比如逻辑推理游戏、数学谜题等。通过解决这些问题，我们的逻辑思维能力、创造力和解决问题的能力都会得到锻炼。而且，AI还会鼓励我们从不同的角度

去思考问题，让我们的思维更加灵活。

2.8　AI可以培养我们的自主学习能力

　　AI提供的学习资源丰富多样，我们可以根据自己的兴趣和需求，自主选择学习内容和学习方式。比如，我们对动物知识感兴趣，就可以通过AI搜索相关的科普视频和文章。在这个过程中，我们学会了自己寻找知识、筛选信息。

第 3 章

AI 时代尤其需要的
五种能力

可以肯定的是，在未来的 AI 时代，世界会变得更加不一样。AI 会做更多的事情，甚至会代替人们做一些工作。不过，无论 AI 多么厉害，有些人类独有的能力都是 AI 很难学会和超越的，培养这些能力对我们来说非常重要。接下来，就让我们一起看看是哪些能力。

3.1 创造力：发挥想象小宇宙

在未来的 AI 时代，创造力是一项极其重要的能力。AI 虽然可以按照程序和算法完成很多任务，但它很难像我们人类一样产生

独特、新颖的想法，比如在人没有提出任何需求的前提下，主动创作出一首动听的新歌、画出一幅充满想象力的画、设计出一个有趣的新游戏等，因为这些都需要创造力。正是因为拥有创造力，我们才能不断地为这个世界带来新的东西，让生活变得更加丰富多彩。

那么，我们可以通过哪些方式来提高自己的创造力呢？

3.1.1　多进行艺术创作

画画、唱歌、跳舞、手工制作等艺术活动，都是培养创造力的好方法。画画时，我们不必拘泥于现实，可以尽情发挥想象力，比如把天空画成绿色，把房子画在云朵上。我们还可以拿起彩笔，创作一幅 "未来的家园"，想象未来的房子、交通工具、生活方式会是什么样的。唱歌时，我们也可以尝试改编旋律和歌词，让歌曲变得独一无二。通过这些艺术创作，我们可以自由地表达自己的想法和情感，激发创造力。

3.1.2 玩一些创意游戏

像搭积木、拼图、编故事这样的游戏，都能锻炼我们的创造力。搭积木的时候，我们可以尝试搭建出各种不同的造型，比如城堡、飞机、机器人等。拼图的时候，也不仅仅局限于把图片拼完整，我们还可以思考如何用这些碎片创造出新的图案，让思维得到拓展。而编故事就更有趣啦，我们可以从一个简单的开头，比如

"为什么"
小贴士

动脑筋想想，和 AI 聊聊：
为什么水烧开了会冒泡泡，没烧开时却没有？

"有一天，小兔子在森林里迷路了"开始，发挥想象，编出一段充满冒险和惊喜的故事。这些游戏可以让我们的思维更加灵活，提高我们的创造力。

3.1.3　参加创意比赛和活动

学校或社区会举办各种创意比赛，比如科技小发明比赛、创意写作比赛等。通过参加这些比赛，我们有机会与其他同学交流学习，看到别人的创意，也能激发自己的灵感。在准备比赛的过程中，我们需要不断地思考和尝试，努力想出独特的创意和解决方案，这对提高创造力非常有帮助。

3.2 批判性思维能力：不盲目信答案，学会自己思考判断

批判性思维能力是我们对各种信息进行分析、判断和评估的一种能力。在未来的 AI 时代，信息会像潮水一般涌来，我们必须具备批判性思维能力，才能分辨出哪些信息是真实可靠的，哪些是虚假错误的。同时，我们也不能盲目接受别人的观点和想法，而要学会独立思考，提出自己的疑问和见解。

下面是提高批判性思维能力的一些方法。

3.2.1 学会提问

在学习和生活中，当我们遇到问题或听到某个观点时，不要马上接受，要多问几个"为什么"。比如，当我们看到一则广告说某

种玩具非常好玩，可以问问自己："这个广告说的是真的吗？有没有夸大的成分？"学习知识的时候也是一样，对于老师讲的内容或

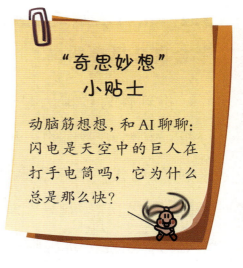

"奇思妙想"
小贴士

动脑筋想想，和 AI 聊聊：闪电是天空中的巨人在打手电筒吗，它为什么总是那么快？

书本上的知识，我们也应该深入思考："为什么是这样的？有没有其他的可能性？" 通过不断提问，我们能够更深入地思考问题，提高批判性思维能力。

3.2.2 分析和评估信息

当我们获取到一些信息后，要学会分析它的来源、可靠性和合理性。比如，在网上看到一篇文章时，我们可以看看作者是谁，他有没有相关的专业知识和经验。接着，我们再看

看文章中的数据和例子是否真实可靠，有没有逻辑错误。我们还可以对比不同来源的信息，看看它们是否相互一致。通过这样的分析和评估，我们可以提高自己对信息的判断能力，避免被虚假信息误导。

3.2.3　进行辩论和讨论

和同学们或家人进行辩论和讨论是锻炼批判性思维能力的另一个好方法。在辩论和讨论的过程中，我们不仅要表达自己的观点，也要倾听别人的意见，学会用合理的理由和证据来支持自己的观点、反驳别人的观点。

通过这样的交流和碰撞，我们可以拓宽自己的思维，学会从不同的角度看待问题，提高批判性思维能力。

3.3　人际交往能力：交到超多好朋友，校园不孤单

尽管 AI 可以和我们交流，但它无法像真正的人一样给予我们温暖和情感上的支持。在未来的 AI 时代，人际交往能力依然是非常重要的。良好的人际交往能力可以让我们与他人建立良好的关系，合作完成任务，分享快乐和悲

伤。例如，在团队合作中，我们需要和队友保持沟通交流，互相帮助，才能更好地完成任务。

那么，怎样提高人际交往能力呢？

3.3.1 学会倾听和表达

倾听是人际交往中非常重要的一环。当别人说话时，我们要认真地听，不要打断对方，同时用眼神和点头表示我们在关注他。听完之后，我们再表达自己的想法和感受。表达时要清晰、准确，确保对方能够理解我们的意思。比如，当同学向我们分享他的开心事时，我们要认真倾听，然后真诚地表达自己的感受，如 "我真为你高兴，你做得太棒了！"通过学会倾听和表达，我们可以更好地与他人沟通，增进彼此的了解。

3.3.2　尊重和理解他人

每个人都有自己的想法、感受和习惯，我们要学会尊重和理解他人。不要因为别人和我们不一样就嘲笑或批评他们。比如，有的同学喜欢画画，有的同学喜欢运动，我们要尊重他们的爱好和选择。当我们和别人意见不一致时，要试着站在对方的角度去思考，理解他们为什么会有这样的想法。通过尊重和理解他人，我们可以建立良好的人际关系，让别人愿意和我们交往。

3.3.3 参加团队活动

参加团队活动，如学校的社团活动、体育比赛、小组项目等，是提高人际交往能力的好机会。在团队活动中，我们需要和不同的人合作，共同完成任务。在这个过程中，我们会遇到各种问题和挑战，需要学会与

"为什么"
小贴士

动脑筋想想，和 AI 聊聊：为什么火焰是向上的，而不是向下或者其他方向？

他人协商、分工合作。通过参加团队活动，我们可以锻炼自己的沟通能力、合作能力和领导能力，从而提高人际交往能力。

3.4 学习能力：快速掌握新知识，考试成绩棒棒的

在未来的 AI 时代，知识更新的速度会非常快，我们必须不断学习新的知识和技能，才能跟上时代的步伐。学习能力强的人能够迅速适应新的环境和变化，不断提升自己。例如，当前沿科技诞生时，学习能力强的人能够迅速学习相关知识，抓住新的发展机会。以下是提高学习能力的一些方法。

3.4.1 培养学习兴趣

兴趣是最好的老师。当我们对学习的内容感兴趣时，就会更主动地去学习。我们可以从自己喜欢的科目或领域入手，比如喜欢动物，就可以多读关于动物的书籍、观看动物纪录片、参加动物保护活动等。在学习过程中，我们会发现更多有趣的知识，从而进一步激发

学习兴趣。当学习成为一种乐趣，它就不再是枯燥的任务。

3.4.2 掌握学习方法

好的学习方法可以让学习事半功倍。比如，我们可以制订合理的学习计划，把学习时间划分为不同的阶段，每个阶段安排不同的学习任务。在学习过程中，我们还可以通过做笔记、总结归纳和制作思维导图等方法，来更好地理解和记忆知识。我们还可以利用互联网和

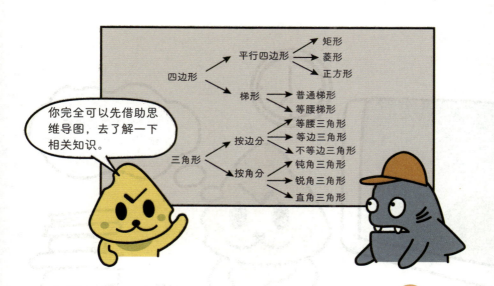

你完全可以先借助思维导图，去了解一下相关知识。

各种学习工具，如在线课程、学习 App 等，拓宽学习渠道，提高学习效率。

3.4.3　养成良好的学习习惯

良好的学习习惯对于提高学习能力非常重要。比如，每天按时完成作业，定期复习和预习功课，保持专注的学习状态等。你会发现，许多学习高手都会着重培养自己的自律能力，学会管理自己的时间和行为。当我们养成良好的学习习惯，学习就会变得更加有序和高效，我们的学习能力也会随之提升。

把今天要学的内容
预习一下……

3.5 提问力：提出有趣又有价值的问题

在 AI 盛行的时代，提问是驾驭 AI 的关键。尽管 AI 知识渊博、运算迅速，但它并不会主动提供完全符合我们需求的内容。只有学会提问，我们才能引导 AI 输出满足自身需求的信息。比如，学习时，问 AI 某学科难题的多种解法，它能给出详细的思路；创作时，向 AI 寻求创意灵感，可以获得有益的启发。通过提问，我们能充分挖掘 AI 的潜力，让它为我们所用，否则我们只能被动接受 AI 提供的宽泛信息。主动提问是开启 AI 强大功能的钥匙，使

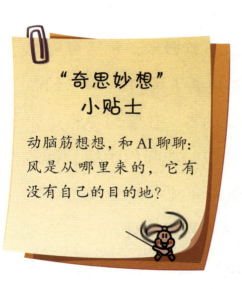

"奇思妙想"
小贴士

动脑筋想想，和 AI 聊聊：风是从哪里来的，它有没有自己的目的地？

我们在与 AI 的交互中占据主导地位，充分发挥其价值。

那么，如何提高提问力呢？

3.5.1　学会观察与思考

日常生活中，我们要养成仔细观察的习惯，比如观察大自然中动植物的特点、城市建筑的风格等。观察之后，我们要进行深入思考，提出问题。看到蚂蚁搬家，我们可以思考："蚂蚁是怎么知道要下雨的？""它们搬家的路线是如何确定的？"在学习中也是如此，对于书本上的知识、老师的讲解，我们要思考其中的细节和可能的不合理之处。比如学习数学公式时，思考："这个公式是如何推导出来的？""它在什么情况下不适用？"通过不断观察

和思考，我们能发现更多问题，从而提高提问的能力。

3.5.2　拓展知识领域

广泛涉猎不同领域的知识，包括文学、科学、艺术、历史等，能让我们的思维更加开阔，从更多角度去提问。阅读文学作品时，我们可以从情节、人物、主题等方面提问，如："这个人物的性格是如何塑造的？""作者为

什么要设置这样的结局？"了解科学知识后，我们能对生活中的现象提出更专业的问题。比如学习了物理知识后，针对常见的电磁

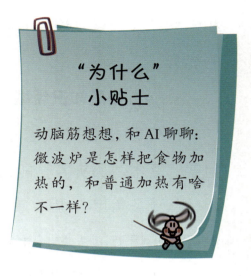

"为什么"小贴士

动脑筋想想，和AI聊聊：微波炉是怎样把食物加热的，和普通加热有啥不一样？

现象提问："电磁感应在生活中有哪些具体的应用和创新？"知识领域的拓展，为我们提供了更多提问的素材和思路。

3.3.3　学习提问技巧

掌握一些提问的技巧能让我们得到更好的答案。我们可以采用开放式提问，避免只得到简单的"是"或"不是"这样的回答，比如问"人工智能未来会如何改变我们的教育方式"，而不是"人工智能会改变我们的教育方

式吗"。还可以运用对比式提问，如："传统的学习方法和借助 AI 的学习方法有哪些不同？"另外，学会追问也很重要。当得到一个答案后，继续深入提问。比如问 AI："为什么这个化学反应会产生这样的现象？"得到答案后再追问："这种现象在其他类似反应中也会出现吗？"通过学习和运用这些提问技巧，我们能提高提问的水平。

提问力也是培养其他关键能力的基础。通过提问，我们可以激发创造力。比如提出"如果改变某个条件，会出现什么新的结果"这样的问题，能够促使我们发挥想象力。同时，提问过程中，我们会对信息进行分析和判

断，这有助于提升批判性思维能力。与他人交流对 AI 提问的看法，又能锻炼我们的人际交往能力。不断提问和学习新知识，也直接提高了我们的学习能力。

　　亲爱的同学们，在未来的 AI 时代，创造力、批判性思维能力、人际交往能力、学习能力和提问力这五种能力对我们来说非常重要。相信只要我们努力，就一定能在未来的 AI 时代绽放属于自己的光芒，成为优秀的人才！让我们一起加油吧！

第 4 章

七种与 AI 愉快沟通
的提问方式

在人工智能日益普及的今天，AI 已成为我们学习和生活中的得力助手。然而，要想让 AI 真正发挥出最大的作用，提问无疑是一个至关重要的方式。

对于会提问的同学来说，AI 就像一个无所不知的智慧宝库。他们懂得如何巧妙地引导 AI，提出有深度、有针对性的问题。比如，在学习数学时，他们不会仅仅问 "这道题的答案是什么"，而是会问 "这道几何题除了常规解法外，还有哪些创新性的思路可以更快地得出答案"。这样，AI 就能提供多种解题方法和思路拓展，帮助他们深入理解知识。在探索科学知识时，他们会问："如果改变某个化学实验的条件，可能会产生哪些不同的结果？原因是什么？"AI也会详细地进行分析和解答，让他们收获更多知识。

相反，那些不会提问的同学，往往只能得到AI比较表面、"冷漠"的回应。因为他们的问题过于简单或模糊，AI无法准确把握他们的需求，自然难以给出有价值的信息。

那么，如何才能和AI畅快聊天，充分发挥它的能力呢？接下来就告诉你几种实用的方式。

4.1 发散性提问：拓展思维，冒出金点子

同学们，你们知道什么是发散性提问吗？它就像一颗神奇的种子，能长出好多好多不同的"知识果实"。当我们遇到一个问题，不要只问最直接的那一点，而是要从这个问题出发，想到好多相关的方面，然后一起问出来。

比如说，我们对恐龙很感兴趣，要是只问"恐龙会不会死"，得到的答案可能就比较单一。但如果我们发散性地提问："恐龙生

你怎么才来啊？芝士君分享的发散性提问太有用了，你快来听听……

那太好了，芝士君你继续说……

活在什么年代？它们都吃些什么？是所有的恐龙都很庞大吗？有没有长得很可爱的恐龙？"这样一来，AI 就会给我们讲好多关于恐龙的知识。比如恐龙生活在三叠纪、侏罗纪和白垩纪时期；有的恐龙吃肉，有的恐龙吃草；有些恐龙非常庞大，像霸王龙，而有的恐龙却很小巧，比如美颌龙。

再比如，我们学习语文的时候，对于一首古诗，我们可以问："这首古诗是谁写的？诗人在写这首诗的时候是怎样的心情？诗里描写了哪些美丽的景色？我们能从这首诗里学

啊！AI 讲得好全面，我被知识陶醉了！

到什么道理？" 通过这样的发散性提问，AI会详细地给我们讲解古诗的背景、诗人的故事、诗句的含义等等，我们就能更深入地了解这首古诗了。

　　用发散性提问和 AI 聊天，就像打开了一个知识的宝藏盒子，能让我们学到好多好多有趣的东西。

4.2　连续追问：把问题弄个明明白白

　　连续追问也是和 AI 聊天的好方法。当我们从 AI 那里得到一个答案后，如果觉得还不够明白，或者还想知道更多，就可以接着问问题，一个问题接一个问题地追问下去。

　　举个例子，我们问AI："为什么星星会

发光？"AI 可能会告诉我们，有些星星是像
太阳一样的恒星，它们自己能产生能量并发
光。这时候我们可以接着追问："那不是恒星
的星星为什么也会发光呢？"AI 会解释说，
那些不是恒星的星星，比如行星，它们是反射
了恒星的光才看起来发光的。我们还能继续追
问："那行星是怎么反射光的呢？"AI 又会
进一步给我们讲解光的反射原理和行星的表面
特点。

在学习数学的时候也能用连续追问的方法。比如问 AI："怎么计算三角形的面积呀？" AI 会告诉我们三角形面积的计算公式是底乘以高除以二。我们可以追问："为什么要除以二呢？" AI 会给我们解释这个公式的推导过程。我们还能再问："如果只知道三角形两条边的长度，能算出面积吗？" 通过这样的连续追问，我们能把三角形面积的知识学得明明白白。

连续追问能让我们像个小侦探一样，把问题背后的秘密都找出来，学到更深入的知识。

"为什么"小贴士

动脑筋想想，和 AI 聊聊：火车轨道为什么是由两条平行的轨道组成的，只有一条不行吗？

4.3 结合生活实例提问：生活中也能灵活用知识

把我们在生活中遇到的事情和问题，结合起来向 AI 提问，也是一种很棒的沟通方式。因为这样 AI 给出的回答会更贴近我们的生活，我们也更容易理解和应用。

比如，我们在公园里看到一只小猫咪，回家后就可以问 AI："我今天在公园看到一只小猫咪，它老是舔自己的毛，这是为什么呀？是不是所有的猫咪都喜欢舔毛呢？"AI 会告诉我们，猫咪舔毛一是为了清洁身体，二是为了调节体温，而且大多数猫咪都有舔毛的习惯。接着，AI 还会给我们讲一些关于猫咪舔毛的小知识，比如猫咪舌头上有倒刺，这能够让它更好地舔毛。

　　再比如，我们和爸爸妈妈去超市买东西时，发现同样的商品，有时候促销装和普通装的价格差异很大，这时我们就可以问 AI：“今天我和爸爸妈妈去超市，看到同样的洗衣液，促销装的价格比普通装便宜很多，而且量还多一些，这是为什么呀？超市的商品包装和价格有什么关系吗？”AI 会给我们讲解超市的定价策略，比如促销装往往是为了吸引顾客，提高

让我告诉你一个秘密，学习其实可以是很有趣的。

我才不信嘞，学习哪有玩有趣啊。

真的吗？

销售量而采取的优惠措施，以及不同包装对商品成本和价格的影响，等等。结合生活实例提问，能让我们把学习和生活联系起来，让知识变得更有趣、更有用！

4.4　假设性提问：大胆想象不慌张

假设性提问就是我们先在脑海里想象一个场景，然后把这个假设的场景告诉 AI，再向它提问。这种方式不仅能激发我们的想象力，还能让我们学到很多关于不同场景的知识。

比如，我们可以问 AI："假如地球上没有了水，会发生什么事情呢？" AI 会给我们描述很多可怕的后果，像植物会枯萎，动物会因为没有水喝而死亡，人类也无法生存，等等。

接着，我们可以进一步假设："假如有一种神奇的机器，能把海水变成干净的淡水，那是不是就不用担心没水喝了呢？但这样会带来什么新的问题吗？" AI 又会给我们讲海水淡化的技术、成本以及可能带来的环境影响等知识。

在学习科学知识的时候，假设性提问非常有用。比如，我们可以问 AI："假如地球没有了引力，我们的生活会变成什么样呢？" AI

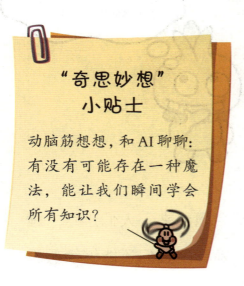

"奇思妙想"
小贴士

动脑筋想想，和 AI 聊聊：有没有可能存在一种魔法，能让我们瞬间学会所有知识？

会告诉我们，物体都会飘起来，人们走路、睡觉都会变得很困难，等等。我们还能继续假设其他的情况，深入地了解引力对我们生活的重要性。

假设性提问会为你带来一场有趣的想象之旅，让你在想象中学习到很多新奇的知识。

4.5　对比性提问：记住特征不混淆

对比性提问就是把两个或者多个相似的事物、概念等放在一起，让 AI 给我们讲讲它们之间的相同点和不同点。这样能帮助我们更好地理解这些事物，把知识记得更牢固。

比如说，我们学习动物的时候，可以问 AI："老虎和狮子都是很厉害的动物，它们有什么相似的地方和不同之处呢？"AI 会告诉我们，老虎和狮子都是肉食性动物，都很凶猛，身体都很强壮。不同的是，老虎一般是独自生活，而狮子是群居生活；老虎身上有条纹，狮子身上没有条纹；等等。

在学习数学的时候，我们可以问 AI："长方形和正方形都有

四个角，它们有什么不一样的地方呢？"AI会给我们讲解，长方形的对边相等，而正方形不仅对边相等，四条边都相等；长方形

"为什么"
小贴士

动脑筋想想，和 AI 聊聊：太阳能热水器是如何利用太阳来加热水的？

的角都是直角，正方形的角也都是直角，但正方形在边的长度上更特殊一些。

通过对比性提问，我们能够把容易混淆的知识区分开来，学习就会变得更轻松、更有效。

4.6 设定身份提问：变身不同小角色，轻松沟通很灵活

设定身份提问可有意思啦！就是我们给

AI 设定一个具体的身份，然后向拥有这个身份的它提问。

比如，我们可以对 AI 说："现在你是一位超级厉害的考古学家，我想了解一下古代的陶器是怎么制作出来的。"这时候，AI 就会以考古学家的身份，给我们详细地讲解古代陶器制作的材料、工艺、步骤等，说不定还会给我们分享一些考古过程中发现的有趣故事呢。

或者我们让 AI 当一位经验丰富的厨师，

问它："大厨师，我想做一道美味的番茄炒蛋，你能告诉我有什么特别的小窍门让这道菜更好吃吗？"AI就会从厨师的角度，教我们如何挑选番茄和鸡蛋，火候怎么掌握，调料怎么搭配等。

通过设定身份提问，我们能从不同的视角获取知识，让学习变得更加生动有趣。

4.7 故事创作式提问：编织有趣故事，表达能力从小提高

故事创作式提问可以让 AI 和我们一起创作故事。我们可以先给出一个故事的开头或者一些关键元素，然后让 AI 接着往下"编"。

比如，我们说："有一只小兔子，它迷路了，走到了一片神秘的森林里。接下来会发生什么呢？你快给我讲讲吧。"AI 就会发挥它的想象力，编出一段小兔子在森林里的奇妙冒险故事，比如遇到了善良的小松鼠帮助它，或者碰到了可怕的大怪兽。

我们也可以给出一些元素，如"魔法棒""城堡""小仙子"，然后让 AI 编一个有趣的故事。AI

会把这些元素巧妙地组合起来，创作出一个精彩的故事。如果你觉得这个故事还比较有趣，可以尝试给家人和朋友复述这个故事。

故事创作式提问不仅能锻炼我们的想象力，还能提高我们的语言表达能力和创造力。

第 5 章

30 个用 AI 高效
学习的小策略

相信大家在使用 AI 的过程中，都感受到了它的强大与便捷。然而，要想让 AI 更好地助力我们的学习，我们还需要掌握一些有效的策略。

策略 1：

课堂听不懂？
AI 变身专属老师，多种方式让你懂

你有没有过这样的经历：课堂上听老师的讲解，感觉像听天书一样，就是听不懂。别担心，每个人都有自己理解事物的方式，就像有人喜欢吃苹果，有人喜欢吃香蕉一样。如果课堂上没听懂，AI 可以化身成你不知疲惫的专属老师，用不同的方式为你再次讲解，直到你完全明白为止。

想让 AI 帮你理解课堂上的难点吗？

首先，当你遇到听不懂的内容时，别害羞，大胆告诉 AI！你可以简单描述一下课本上的知识点、题目或老师讲的内容，告诉 AI 你哪里不懂。

接下来，就是 AI 大显身手的时候了，它会用不同的方式给你讲解这个知识点，比如用生动的比喻、有趣的图片或者给你提供一些解析相关知识的视频链接。如果说难懂的知识点像一块大蛋糕，一般人难以一口吃下。AI 可以帮助你拆解它，就好像把大蛋糕切开变成了一块块美味的小蛋糕，让你一口一口轻松吃下！

最后，如果你还想巩固一下，或者还有疑问，可以随时问 AI。AI 会不厌其烦地为你解答。你还可以让 AI 给你出一些相关题目，帮你更好地掌握这个知识点。

案 例

今天数学老师讲了"质数"的概念，鲨不闲没听懂。回家后，他问 AI："请你用直白的方式给我详细讲讲什么叫质数？最好能打个比方。"

AI 回复："质数，就是一个大于 1 的自然数，它只能被 1 和自己整除，不能被其他数整除。

举个例子，你有一堆糖果，如果这

堆糖果的数量不能被除你之外的两人或多人均分，那么这堆糖果的数量就是一个质数。比如，你有 7 颗糖果，试试均分给除你之外的两人或多人，你会发现做不到，所以 7 就是一个质数。而如果你有 10 颗糖果呢？可以给 2 个人每人分 5 颗，也可以给 5 个人每人分 2 颗，所以 10 不是质数。"

魔法小实验

下次遇到课堂上听不懂的内容时，就告诉 AI 吧！让 AI 用你喜欢的方式为你讲解。

记笔记太慢？
用 AI 一键抓取课程重点，获取笔记模板

你是不是经常觉得记笔记好难？老师讲得那么快，你一边听一边记，结果笔记写得乱糟糟，重点也没抓住。别担心，记笔记其实有小妙招！有了 AI 这个超级聪明的助手，一切都变得简单起来。它能帮你自动提取课程重点内容，生成简洁明了的笔记模板，让你快速记录关键信息，省时又省力！

想让 AI 帮你记笔记吗？

首先，上课的时候，你就专心听老师讲，不用急着把每一句话都记下来。如果能跟上老师的节奏，就在老师讲解的间隙快速记笔记；如果跟不上，就先把精力放在听课上，只记录关键词，课后再整理。

课后，把课本拍照发给 AI，让它帮你提取重要知识点，生成笔记。AI 会像一个神奇的筛子，把课本里的重要知识点、公式、概念等都筛出来，然后给你生成一个简洁明了的笔

放学喽！

蒜哥，今天的笔记借我一下啊……

慢点儿，一起走啊。

记模板。

接着，你可以对照 AI 生成的内容和自己记录的关键词，整理完善笔记。如果你认为 AI 生成的笔记内容不全，可以将你记录的关键词告诉 AI，让它帮你寻找相关知识点补充进来。

最后，如果你对笔记形式有特别的偏好，AI 还可以根据你的喜好，把笔记模板调整成你喜欢的样式。比如，你喜欢用图表来表示关系，AI 就可以为你生成带有图表的笔记模板。

案例

历史课上，老师讲了很多春秋战国时期的事情，蒜哥听得津津有味，但感觉没时间把感兴趣的内容全部记下来。于是，他就记录了老师讲的关键词，课后对照课本和自己记录的关键词问 AI。

AI 很快为蒜哥生成了一个关于春秋战国时期历史知识的笔记模板，里面清晰地列出了战争的时间、地点、交战双方、结果和意义。

魔法小实验

赶快用这个方法整理你最近没有记好的笔记吧！对照 AI 生成的笔记模板，让你记笔记的任务变得轻松又快捷！

计算粗心老出错？
AI 训练你的专注力，让你告别"小迷糊"

你有没有过做计算题时，一不小心就算错了，心里懊恼的经历？别担心，其实计算就像一场小小的冒险游戏，有时候我们只需要一点帮助，就能顺利通关。AI 能为你提供针对性的计算练习，让你的专注力和计算准确度都大大提升！

我发现学习真的挺有趣的！

那么，怎么让AI成为你的计算小教练呢？

首先，当你发现自己在计算上总是出错时，可以像和朋友分享小秘密一样，告诉AI你的困扰，并要求它为你出一些专属的练习题。记得说清楚你想要的练习题难度、数量和运算方式（加减乘除）。或者，你也可以将自己的错题拍照发给AI，让AI帮你诊断分析，并出一些类似的题目让你练习。

接着，AI会根据你的具体要求，为你量身定制一套计算练习题。你可以为自己计时，

规定自己在一段时间内做完，让自己在紧张又兴奋的氛围中锻炼专注力和计算速度。

在 AI 的陪伴下，你会发现计算不再那么枯燥无味了。每一次挑战成功后，你都会感到成就满满，喜悦无比。而且，随着你不断练习，你会发现自己的计算准确性越来越高，速度也越来越快了。

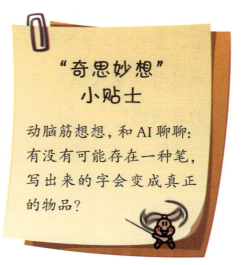

"奇思妙想"小贴士

动脑筋想想，和 AI 聊聊：有没有可能存在一种笔，写出来的字会变成真正的物品？

　　鲨不闲以前总是因为计算粗心而丢分，他问AI："我最近数学计算总是粗心出错，我想让你帮我练习。帮我出100道100以内两位数的加减乘除运算题目。"AI根据鲨不闲的要求给出了相应的题目，并在最后附上了答案。

　　鲨不闲为自己限时30分钟，计算完后对照答案批改，看最终得分。

　　自从参与了AI的"计算大挑战"后，鲨不闲的计算能力突飞猛进。现在，他做计算题又准又快，还经常得到老师的表扬呢！

策略4：

数学难题拦路虎？
AI 提供解题思路，让你突破思维局限

　　你是不是有时候遇到数学难题，感觉就像遇到了一只大老虎，挡在学习的路上？别担心，其实数学难题就像一座高山，虽然看起来难以攀登，但有了 AI 这个超级向导，我们就能一起找到登上山顶的路！

想让 AI 帮你攻克数学难题吗？

首先，当你遇到让你头疼的难题时，别急着放弃。你可以把题目拍下来，或者仔仔细细地把题目写出来，然后发给 AI，问它这道题应该怎么解。

接着，AI 会仔细研究你的题目，然后为你提供多种不同的解题思路。就像给你一把万能钥匙，让你能打开通往答案的大门。AI 还会用简单易懂的语言，一步步告诉你每种思路是如何想出来的，在什么情况下适用。如果你听不懂，还可以让 AI

**"为什么"
小贴士**

动脑筋想想，和 AI 聊聊：铅笔的笔芯是用什么做的，为什么能写出字？

用打比方的方式给你讲，就像给你讲一个有趣的故事一样。

最后，当你用 AI 给的解题思路成功解出题目后，是不是感觉特别有成就感？但别急着高兴，这条山路是 AI 充当贴身向导带你走的，你还需要试着自己独立走一走，没有向导也能抵达山顶才证明你已经彻底熟悉这座山了。你可以让 AI 给你出几道相似的题目，帮你巩固一下学到的知识点。

鲨不闲遇到了一道关于几何图形的难题，他怎么也想不出来。于是，他把这道题拍下来发给 AI，问："这道题应该怎么解？请给我提供思路。"

AI 为鲨不闲提供了两种解题思路，他试着从图形的性质入手，又利用已知的条件进行推导，最终得到了答案。

然后，鲨不闲让 AI 为自己生成了 5 道相似的题目，并独立解答。他发现自己解答得越来越熟练，而且一道题目可以用多种方法来解答。这证明他已经掌握了解这类题目的知识点和技巧。

下次当你遇到数学难题时，试试让 AI 帮你攻克吧，看看 AI 能给你多少种不同的解题思路。

策略 5：

作文写不出来？
DeepSeek 助力，让你文采飞扬

你会不会在写作文时苦恼自己没话可说，总是在辛苦地凑字数？如果说写作文像讲故事，那么 AI 就像一个 "故事大王"，能根据你的作文题目，告诉你很多相关的趣事。你听完之后，可能就会想到自己身边的事。你把这些写下来，不知不觉就完成作文了。AI 没有办法替你写作文，但它可以做你的小助手，帮你一起构思。

想让 AI 帮你构思作文吗？

假如有一天，老师要求你写一篇五百字的作文，你写了两百字就写不下去了，这时你可以让 AI 这样帮助你。

首先， 你需要告诉 AI 作文题目，再讲讲你想写的事情、你想表达的感情，让 AI 帮你想想怎么把这件事讲得生动。

其次， 不要宽泛地问 AI 这篇作文怎么写，而是问一些小问题，比如"帮我想三件过

写作高墙

写作对于我来说，就是一堵难以逾越的高墙啊……

生日时会发生的事情"。

最后，写完作文后，如果你觉得自己写得干巴巴的，可以把作文片段发给 AI，让它帮你修改润色。这时 AI 会释放神奇的魔法，把作文改得生动一些。

案 例

　　鲨不闲写作文《一次难忘的生日》时，不知道从哪里写起。他向 AI 说出自己的难题后，AI 跟他说："试着想一想生日那天发生的三件事，比如你们是如何买蛋糕的，哪些同学来为你庆祝生日，你收到了哪些礼物。"

把你写完的一篇作文发给 AI，让它帮你润色，比如让它指出可以添加哪些环境和人物描写。

策略 6：

英语作文不够好？
AI 提升语句高级感，让文字闪闪发光

你是不是有时候觉得写英语作文很头疼？觉得自己的词汇量不够用，语法也总是出错，句子写得平平淡淡，就像白开水一样乏味。别担心，其实写英语作文也有小秘诀！AI 可以化身为你的英语老师，帮你优化词汇和语法，提升语句的层次感，让你的英语作文焕然一新！

想让 AI 帮你润色英语作文吗？

首先，当你写完一篇英语作文时，别急着交上去。你可以把作文拍下来或打成文字，然后发给 AI，让 AI 评价一下你写得如何，并给出修改和润色的建议。

接着，AI 会仔细审阅你的作文，找出那些不够精练的词汇，帮你替换成更贴切的单词。比如，把"good"换成"excellent"，把"big"换成"gigantic"。怎么样，是不是瞬间感觉自己的英语作文高级了很多？

"奇思妙想"
小贴士

动脑筋想想，和 AI 聊聊：要是地球停止自转，世界会发生什么？

此外，AI 还会帮你检查语法

错误，让你的句子更加流畅自然。就像给你的作文穿上一件得体的衣服，让它看起来更加整洁、漂亮。

最后，如果你还想再练练手，或者对 AI 的润色有疑问，可以随时告诉 AI。AI 会给你提供一些写作技巧或者范文，帮你更好地提升英语写作能力。

　　蒜哥写了一篇关于动物园的作文。他原来写的是："The zoo is very big and has many animals. There are also some interesting exhibits. People like to visit the zoo on weekends."

　　他问过 AI 后，AI 将其润色成了："The sprawling zoo boasts a myriad of animals, ranging from majestic lions to playful monkeys. In addition, it features an array of captivating exhibits that educate and entertain visitors of all ages. On weekends, the zoo becomes a bustling hub of activity as families and friends flock to explore its diverse wildlife and engaging displays."

策略 7：

文言文不再晦涩：
AI 剖析字词语法，精准翻译文言文

　　学习文言文的时候，你有没有感觉像在读天书？每个字都认识，但组合在一起却不知道是什么意思。其实，文言文就像一把古老的钥匙，能打开通往历史和文化宝库的大门，只是这把钥匙有点特别，普通小孩很难灵活自如地把它插进对应的锁孔里。幸好，我们有 AI 这个智能小助手，它能帮我们剖析字词语法，准确理解古文含义，让文言文学习变得轻松又有趣！

想让 AI 帮你攻克文言文难题吗?

首先,当你遇到一篇看不懂的文言文时,别急着挠头。你可以把文章拍下来,或者一字一句地把文章打出来,然后发给 AI。问问 AI,这篇文章讲的是什么意思?或者文章中的某句话具体是何含义?如果是比较知名的古文,直接告诉 AI 文章题目,AI 就能直接生成全文和解析。

这篇《岳阳楼记》,让 AI 给我们讲讲吧!

哎呀,不差这一会儿,我先去玩会儿……

接着，AI 会仔细分析文章中的每一个字词，剖析它们的语法结构，然后给你提供准确又通顺的翻译。就像给你一个超级翻译器，让你瞬间读懂文言文的意思。AI 还会用简单易懂的语言，给你解释哪个字是通假字，为什么这个词要这么翻译，那个句子表达的是什么意思。

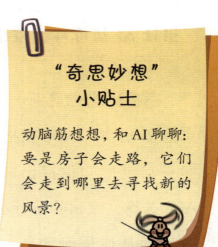

"奇思妙想"小贴士

动脑筋想想，和 AI 聊聊：要是房子会走路，它们会走到哪里去寻找新的风景？

最后，如果你还是不懂，可以让 AI 用打比方的方式给你讲解，或者给你讲讲这篇文章背后的完整故事，又或者拓展一些相关知识，帮助你更好地理解。

蒜哥读《出师表》，怎么也看不懂。为了加深理解，他一句一句地问 AI："《出师表》中'然侍卫之臣不懈于内，忠志之士忘身于外者，盖追先帝之殊遇，欲报之于陛下也。'这句话是什么意思？"

AI 回复说："这句话的意思是，然而，朝廷中侍奉守卫的臣子，不敢稍有懈怠；疆场上忠诚有志的将士，舍生忘死地作战，这都是因为他们追念先帝的特殊恩遇，想要在陛下身上报答这份恩情。"

魔法小实验

把你看不懂的文言文发给 AI，让 AI 帮你翻译一下吧！

策略 8：

英语词汇记不住？
AI 构建联想记忆，拓展你的词汇量

你是不是有时候觉得英语单词像一群小淘气，刚记住就溜走了，怎么也抓不住？其实，记单词就像交朋友，得多见面、多聊天才能越来越熟悉。不过，有个超棒的小伙伴能帮助我们轻松记住单词，那就是 AI！它能帮我们构建联想记忆网络，让我们的词汇量暴增，记单词也变得好玩多了！

你等等鲨不闲啊！
他都跟不上了。

放学喽！

想让 AI 帮你轻松记单词吗？

首先，当你遇到一个新单词或总是记不住的单词时，别急着发愁。你可以把这个单词告诉 AI，然后问它："我该如何用联想记忆法记住这个单词呢？"

接着，AI 会根据这个单词，给你找出一堆相关的词汇和短语，就像给你介绍一群新朋友一样。比如，你输入"apple"（苹果），并让 AI 尝试以其组词，AI 就会生

"为什么"
小贴士

动脑筋想想，和 AI 聊聊：飞机是怎么做到在天空中飞起来的？

成"red apple"（红苹果）、"apple tree"（苹果树）、"eat an apple"（吃苹果）

等。这样，你不仅能记住"apple"，还能顺便记住一堆和它有关的词汇，是不是很棒？

最后，如果你想练练手，巩固一下新学的单词，可以让 AI 给你出一些填空题或者选择题，帮你加深记忆。这就像和新朋友一起玩游戏一样，既好玩又能加深印象。

鲨不闲总是记不住"elephant"（大象）这个单词，他问 AI："我该如何用联想记忆法，记住'elephant'这个单词呢？"

AI 回复说："想象一只大象正在一片茂密的森林里悠闲地漫步。它有一条长长的鼻子（ele-，看起来有点像鼻子的形状），能够轻松地卷起树枝和树叶来吃。而且因为大象体型庞大，非常显眼，很难藏起来，所以总是容易被发现（phant，词根，意思是显露、展现）。

记忆口诀：长鼻（ele-）显眼（phant）是大象（elephant），森林里面它最靓！"

快把你觉得难记的单词告诉 AI，让它帮你用联想记忆法快速记住吧！

策略 9：

古诗词难懂？
AI 解读意境，带你剖析鉴赏，领略其美

你是不是觉得古诗词就像一个神秘的世界，意境深邃，艺术手法巧妙，让人捉摸不

请为我点赞！

儿子，你的古诗词理解最近进步得还是挺明显的！

透？别担心，AI 能帮你揭开它的神秘面纱。它就像一位博学多才的诗词导师，带你走进古诗词的殿堂，帮你拆解、赏析古诗词，让你领略那无尽的韵味。

想让 AI 带你赏析古诗词吗？

首先，当你遇到一首看不懂的古诗词时，别急着挠头。你可以把古诗词的题目或全文打出来，发给 AI，然后请 AI 教你如何赏析。

接着，AI 会先为你解读古诗词的意境，就像为你描绘一幅美丽的画卷，让你仿佛置身于古诗词所描绘的场景中。然后，AI 还会剖析古诗词的艺术手法，比如比喻、拟人、夸张等，让你明白这些手法是如何让诗词更加生动有趣的。

最后，如果你想更深入地学习，或者对 AI 的解析还有疑问，可以随时告诉 AI。AI 会给你提供一些相关的古诗词知识或背景故事，帮你更好地理解和欣赏古诗词。

案 例

蒜哥在读《静夜思》时，对"床前明月光，疑是地上霜"这句诗感到困惑。他问 AI："这句诗是什么意思呢？为什么月光会像霜呢？"

AI 回复说："诗人运用了比喻的修辞手法，将月光比作地上的霜。月光清冷而明亮，与秋夜地面上的白霜在视觉上有相似之处，都是银白色且带有清冷感。通过这一比喻，诗人成功地营造出一种静谧而凄清的夜晚氛围，同时也深刻地表达了自己的思乡之情。在寂静的夜晚，诗人独自面对明亮的月光，心中涌起对故乡的深深思念。

魔法小实验

把你感到疑惑的古诗词发给 AI，让它帮你解读，提升你的文学赏析能力。

101

历史事件总混淆？
AI 讲生动故事，助你轻松记忆

你有没有觉得历史课上的知识总像一团乱麻，理也理不清？别担心，其实学历史可以像听一个有趣的故事一样，轻松又好玩！AI可是超级会讲故事呢，能把枯燥的历史知识变得生动有趣，让你一下子就记住那些重要的事件和发展过程。

如何让 AI 给你讲历史故事呢？

首先，当你觉得某个历史事件特别难记，或者总是把时间线搞混的时候，你可以让 AI 就这个历史事件给你讲一个生动的故事。

然后，AI 会给你呈现一段精彩的故事，

告诉你这个历史事件是怎么发生的，有哪些重要的人物，他们做了什么事情，以及这个事件对后来有什么影响。你可以要求

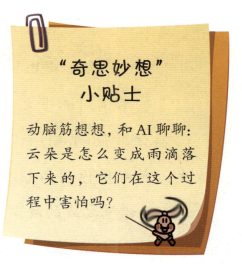

AI 用特别生动的语言，比如采用比喻、拟人等修辞手法，让你觉得仿佛身临其境！

最后，如果你还想再巩固一下，或者对某个细节有疑问，可以随时问 AI。AI 会给你出一些小小的"历史问答题"，就像跟你玩一个历史知识的小游戏一样，帮你更好地记住这些历史事件。

我最喜欢历史了！

这有什么了不起的，我也能考出你这样的成绩。

鲨不闲对赤壁之战感到困惑，总是记不住。他问 AI："我是 X 年级的学生，我希望你用简短、生动的语言为我讲一下赤壁之战的故事。"

AI 这样回答："很久很久以前，在东汉末年，有一个非常厉害的人叫曹操。他统一了北方，然后带着二十万大军，浩浩荡荡地南下，想要消灭南方的孙权和刘备，统一整个中国。这时候，孙权占据着江东，刘备则依附于刘表，屯驻在新野。他们听说曹操来了，都非常害怕。但是，他们知道如果单独对抗曹操，一定会失败，于是就决定联合起来，共同抵抗曹操……"

策略 11：

画画没灵感？
AI 带你畅游创意画廊，助你画出精彩画作

　　你是不是有时候拿起画笔，却觉得脑袋空空，不知道画什么好呢？别担心，其实灵感就像喜欢躲猫猫的小精灵，有时只需要一点点引导来诱惑，它就会蹦出来啦！我们神奇的伙伴 AI 不仅能向你展示海量的优秀作品，还能分析创作思路，保证让你创意如泉涌，画出超精彩的画作！

那么，怎么让AI成为你的创意小导师呢？

首先，当你觉得画画没灵感时，可以大胆告诉AI你的感受和需求，比如，你现在想画什么但不知道如何下手，或者你没有特定的绘画主题。可以直接让AI为你展示

"为什么"
小贴士

动脑筋想想，和AI聊聊：电视是如何把图像和声音播放出来的？

一些优秀的绘画作品，为自己提供思路。

接着，AI会为你打开一扇通往创意画廊的大门，里面有各种各样的优秀作品，包括动物的、风景的、人物的，甚至还有你想都想不到的奇幻世界！

最后，如果你想知道每幅画的创作思路，

可以进一步问 AI，比如它们的色彩是如何搭配的，线条是怎么运用的，构图是怎么安排的。就像参观一场精彩的画展一样，你不仅能欣赏到美丽的画面，还能学到很多画画的技巧和方法！

在 AI 的陪伴下，你会发现灵感就像泉水一样咕咕地冒了出来。画完后，把自己的画拍照发给 AI，AI 还会给你一些小建议，让你的画作更加完美。

　　蒜哥以前总是觉得画画没灵感，但自从有了 AI 这个创意小导师后，他的画作越来越精彩了。有一次，他问 AI："我想画一幅关于海洋的画作，但我没有灵感，请为我展示一些海洋主题的优秀画作。"

　　看到 AI 展示的一幅海洋画后，蒜哥立刻被那深邃的蓝色和活泼的鱼儿吸引了，灵感一发不可收拾。他画出了属于自己的海洋世界，收获了周围人的赞扬。

魔法小实验

　　现在轮到你啦！快告诉 AI 你今天想画什么，让它带你畅游创意画廊，激发你的无限创意吧！

偏科烦恼？
用 AI 专项提升，逐一攻克薄弱学科

　　你有没有遇到过这样的烦恼：有的学科就像你的"好朋友"，每次考试都得心应手；有的学科却像"捣蛋鬼"，总是让你得不到高分？别担心，我们的学习神器 AI 能够精准分析你的薄弱点，为你定制专属提升方案，帮你一步步攻克那些"捣蛋鬼"学科！

那么，怎么让AI成为你的学科小救星呢？

首先，当你觉得某个学科特别难学时，可以告诉AI你的"小难题"，告诉它你的年级、学科以及觉得哪些知识点较难掌握。你也可以把自己之前的作业、试卷或错题拍下来发给AI。

"奇思妙想"小贴士

动脑筋想想，和AI聊聊：海底深处会不会存在一座巨大的水晶城，里面住着神秘的海洋精灵？

接着，AI会像侦探一样，立刻开始分析你的学习情况，精准地找出你的薄弱点。然后，它会为你定制一个专属的提升方案，这个方案就像一份详细的"学习地图"，告诉你应该先学什么，再学什么，以及怎么学才最有效。

比如，如果你总是解不对数学方程式，AI 就会特别关注这一点，给你安排一系列的方程式练习题，还会用打比方的方式，让你轻松理解每个步骤。

最后，有了 AI 的定制方案，接下来就是努力练习啦！针对每个薄弱知识点，借助 AI 进行强化训练。就像玩游戏一样，每过一关，你的能力就会提升一点。AI 还会根据你的进步情况，不断调整训练难度，确保你始终在有效学习，既不会觉得太难，也不会觉得太简单。

案 例

鲨不闲以前偏科严重，语文成绩很好，但数学总是不及格。为了提高数学成绩，他把自己的数学试卷拍照后发给AI，并要求："帮我分析试卷中的错题，找到我的知识薄弱点，为我讲解错题，并制订一套针对错题知识点的定向练习计划。"

AI帮助鲨不闲找到了知识薄弱点，通过一系列强化训练，鲨不闲的数学成绩一步步提升了。

魔法小实验

快告诉AI哪个学科最让你头疼，让它为你定制一份专属的学习方案。

学习时间乱糟糟？
AI 帮你定制高效时间表

你是不是有时会觉得时间安排得像一团乱麻，不知道该先做什么后做什么，时间一眨眼就没了，作业还没写完，玩的时间也没了？别焦虑，AI 能帮你制定个性化的学习时间表，把你的学习、休息和娱乐都安排得井井有条，让你的学习效率和休闲体验嗖嗖提升！

怎么让AI成为你的时间管理小助手呢？

首先，你要像和朋友聊天那样，告诉 AI 你在时间安排上的烦恼。比如："我每天 x 点放学回到家，x 点之前要入睡，我总感觉时间不够用，学习的时候想玩，玩的时候又惦记着作业没写完，你能帮我制定一个时间计划表吗？"然后，把你的详细情况告诉 AI。

接着，AI 会根据你每天需要完成的任务，比如做作业、复习课文、预习新课，还有你想进行的休闲活动，比如看动画片、玩游戏、户外活动等，来为你量身定制一个合理的时间表，把你的每一天都安排得明明白白。

最后，有了 AI 为你制定的时间表，你就像有了一个隐形的小秘书，它会时刻提醒你接下来该做什么。你会发现学习不再那么枯燥，因为你知道学完之后就有好玩的事情在等着你。

而且，按照时间表来学习，你的效率会高很多，作业做得又快又好，玩的时候也更能尽情享受。

案 例

鲨不闲周末总是拖到很晚才开始写作业，结果玩的时间没了，还累得不行。他把自己的详细情况告诉了 AI。

AI 回复他："早上 8 点到 9 点，是你精神最好的时候，我们安排读英语和背诵课文，中间休息 10 分钟；9 点到 10 点，做数学作业，遇到难题可以随时问我；10 点到 10 点半，是你的休息时间，可以伸伸懒腰，吃点水果……"

魔法小实验

　　告诉 AI 你的日常安排和喜好，让它为你制定一个专属的学习时间表。下面是一个例子。

周一至周五（上学日）	
16:00—17:00	完成家庭作业并预习明天的课程
17:00—18:00	英语专项学习（词汇和语法）
18:00—19:00	晚餐和休闲娱乐
19:00—20:00	英语听力练习和阅读理解
20:00—20:30	休息
20:30—21:30	复习当天学习的内容
21:30—22:00	睡前阅读和学习
22:00 之后	睡觉

周六、日（周末）	
07:00—07:30	起床、早餐和个人清洁
07:30—09:00	完成周末作业
09:00—10:00	个人休闲娱乐
10:00—12:00	复习本周课程
12:00—13:00	午餐 + 午休
13:00—14:00	个人兴趣活动
14:00—16:00	英语综合练习（写作和口语练习）
16:00—17:00	自由活动（打篮球、游泳等）
17:00—18:00	晚餐和家庭活动
18:00—20:00	个人兴趣活动
20:00—21:30	轻松阅读或预习下周学习的内容
21:30—22:00	睡前阅读和学习
22:00 之后	睡觉

引导辅助预习：
AI 剖析知识要点，让你课前轻松掌握

　　你有没有过上课前，面对书本上的新知识一脸迷茫，不知从何入手的经历？其实，课前预习就如同探险前的准备，准备充分，上课时就能游刃有余。而 AI，就是你的智能预习小助手，它能帮你剖析学科知识要点，让你在课前就轻松掌握基础知识。

如图，*OA*、*OB* 分别是两个半圆的直径，∠*BOA* 为直角，且 *OA*=*OB*=8 厘米，那么，阴影部分的面积是多少平方厘米？

想让 AI 带你做好课前预习吗？

首先，当你面对新课本，不知道从哪里开始时，别急着焦虑。你可以把课本内容拍下来发给 AI，让它帮你提炼其中的知识要点。这就像告诉一个小伙伴你明天要去哪里探险一样。

接着，AI 会为你梳理出这节课的知识框架，就像给你一份探险地图。比如，你要学习"动物"一节，AI 就会告诉你："这节课我们要了解动物的分类、特点、习性以及它们的生活环境。"然后，你可以要求 AI

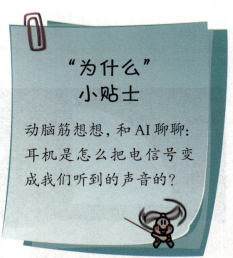

"为什么"
小贴士

动脑筋想想，和 AI 聊聊：耳机是怎么把电信号变成我们听到的声音的？

118

给你讲解每个知识点的基础内容，让你对新课有个初步的了解。

　　最后，对于难点部分，你可以要求 AI 用生动有趣的方式进行讲解。比如，你说："细胞的结构好难懂啊，能不能给我打个比方？" AI 就会告诉你："细胞就像一个小小的房子，细胞核是房子的主人，细胞质是房子里的家具，细胞膜则是房子的门和窗……"这样，难点是不是变得容易理解多了？

案 例

蒜哥明天课上要学习"水的循环"一节，他有点担心听不懂。于是，他把课本拍照后问 AI："你能通俗易懂地为我讲解一下水的循环吗？"

AI 回复说："……水从大海出发，变成水蒸气升到空中，变成云朵飘来飘去，然后变成雨落下来，又回到大海里……"

魔法小实验

赶快试试用 AI 预习你即将学习的新课吧！告诉 AI 你要学习的内容，看看它会给你怎样有趣的讲解和引导。

生成模拟题：
按需定制题目，提前适应考试节奏

　　你考试时会不会紧张？会不会担心遇到难题束手无策？或者担心题目太多做不完？其实考试就像一场冒险，而提前准备就是你成功到达终点的"秘密武器"。AI可以帮你定制专属模拟考试题目，让你提前适应考试节奏，轻松应对各类考试！

想让 AI 帮你定制模拟题吗?

首先,当你觉得对某个知识点不够熟悉,或者想检验一下自己掌握得怎么样时,就告诉 AI 吧! 告诉 AI 你具体想练习哪方面的知识,或者把考试真题拍照发给 AI,并告诉 AI 一份详细的出题要求。

接着,AI 会根据你的需求,生成一系列与考试题型相似的模拟题。这就像给你一份特制的"冒险地图",让你提前熟悉考试的"路线"。这些题目正好供你挑战练习,提升自己的解题能力。

"奇思妙想"小贴士

动脑筋想想,和 AI 聊聊:森林里的动物会不会举办秘密派对,它们都玩些什么游戏?

最后，当你做完模拟题后，可以拍照发给 AI 进行批改。AI 会告诉你哪些地方做得好，哪些地方还需要加强。针对错题，你可以进一步要求 AI 出更多相关题目进行练习。

案 例

鲨不闲两周后就要参加数学期末考试了，他觉得有点紧张。

于是，他把之前考试的真题拍照发给 AI，并对 AI 说："我在准备初中二年级的数学期末考试，主要考点有……，题目类型有……，请帮我生成一份模拟题。照片中的是真题，供你参考。"

AI 很快为鲨不闲生成了一套模拟题。他按照正式考试的时间要求做完后，让 AI 帮自己批改，并针对错题进行了巩固练习。AI 还根据他的情况，给出了一些复习建议。经过几天的专项模拟训练，鲨不闲对考试充满了信心。

・・・・・・

魔法小实验

　　用 AI 为接下来的考试定制一些模拟题，然后开始练习吧！

老爸，给你看看我定制的模拟题。

模拟题还能定制啊？

贴心辅导作业:
AI 判断对错，为你解析答案

你是不是有时候做完课后作业，心里总是七上八下，不知道自己做对了没有？就像每次考试结束后，总想知道自己考得怎么样。现在，我们有了超级贴心的作业小帮手——AI，它不仅能迅速帮你判断对错，还能为你详细解析题目，助你改正。

想让 AI 成为你的作业小帮手吗?

首先，当你在作业中遇到不确定的题目，或者在作业完成后想知道自己做得对不对，就把作业拍

下来，或者把作业内容发给 AI。

接着，AI 会像一位耐心的老师，帮你批改作业，找出错误的题目，并一步步引导你解析

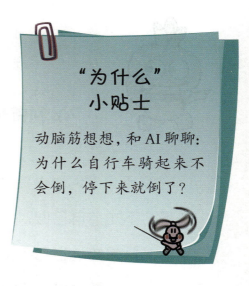

"为什么"
小贴士

动脑筋想想，和 AI 聊聊：为什么自行车骑起来不会倒，停下来就倒了？

错题。比如，它会说："这道题要先找出已知条件和未知条件，然后根据这些条件列出关系式，再进行计算……" 你还可以要求 AI 不要直接给出错题的答案，而是引导你找出错误的原因，然后教你怎么改正。

最后，不要轻易放过作业中的错题，无论是因为马虎还是因为没有理解掌握，你都需要巩固相关的知识点。粗暴地糊弄完作业没有意义，让 AI 多给你出几道类似的题，再挑战一下自己吧！

　　鲨不闲觉得今天的数学作业有点难，好多题目做完后心里都没底，于是他把作业拍照发给 AI，并问 AI："我这几道题做得对吗？"

　　AI 回复说："……你这一步算错了，应该把 5 加到这里，而不是那里……"

　　鲨不闲按照 AI 的指导改正了错误，然后对 AI 说："请针对我刚才的错题，再出 5 道类似的题目吧。"做完这些额外的题目后，鲨不闲感觉自己对这些知识点掌握得更牢固了。

策略 17：

不再拖延：
AI 帮你养成按时写作业的好习惯

你有没有过这样的经历：回家后玩着玩着就忘了时间，等想起来要写作业时，发现时间已晚，只能熬夜赶作业？这样不仅作业质量大打折扣，达不到应有的效果和目的，还牺牲了宝贵的休息时间。其实，做作业应该有计划、有步骤地进行，而 AI 就可以帮你规范作业流程，合理安排时间，让你的自主学习能力直线飞升！

想让 AI 帮你养成按时写作业的好习惯吗？

首先，放学后，可以告诉 AI 你接下来都需要做什么，包括做什么作业、复习哪些功课、整理哪些笔记、预习哪些知识，以及这些任务大约需要多长时间。当然，你也可以告诉 AI 你希望的休闲娱乐活动，以及准备

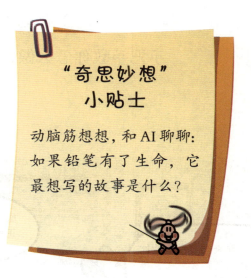

"奇思妙想"
小贴士

动脑筋想想，和 AI 聊聊：如果铅笔有了生命，它最想写的故事是什么？

几点洗漱睡觉，让 AI 帮你做一个全面的规划。

接着，AI 会生成一张详细的时间计划

表，列出几点开始写作业、几点开始休息，以及先做什么，再做什么。按照 AI 生成的时间表来执行，你就不会再拖拖拉拉，做作业的效率也会大大提高！

最后，如果你在写作业时遇到难题卡了壳，不要在这里浪费时间。AI 就在你身边随时待命！你可以把题目发给 AI，告诉它你卡在了哪一步。AI 会立刻给你送来解题"秘籍"，手把手教你怎么做，让你轻松过关。

别提了，昨天的数学作业比较难，我疯狂熬夜思考，但还是没解出来……

应该是鲨不闲来了，正好跟你俩一起分享一下！

咚咚咚！

案 例

　　蒜哥以前写作业总是拖延，每次回家都要先玩一阵再写，结果经常玩着玩着就忘了时间，不仅耽误了睡眠，还影响了第二天的学习。为此，蒜哥没少被妈妈批评，每天都玩得提心吊胆，学得也浑浑噩噩。

　　后来，蒜哥把自己每天晚上要做的事项和时间告诉 AI，让 AI 帮自己规划和梳理写作业的流程，并生成时间表。蒜哥按照 AI 的建议去行动后，发现做作业变得轻松多了，而且还节省出了很多玩的时间。

策略 18：

构建知识体系：
用 AI 将零散知识整理成系统框架

你有没有觉得学完一个单元或一个章节后，脑袋里装了好多知识点，但好像都乱糟糟的，不知道怎么串联起来？其实，学习知识就像搭积木，一块块积木可以搭建成一座宏伟的城堡，一个个零散的知识点也可以被整理起来，形成一个系统的框架。现在，AI 就像你的超级建筑师，来帮你把这些知识点整理得井井有条，构建属于你的知识城堡！

想让 AI 帮你搭建知识框架吗？

首先，当你学完一个单元或一个章节后，告诉 AI 你都学了哪些内容，或者把课本上的相关页面拍照发给 AI。这一步就像告诉建筑师你有哪些积木一样。

接着，AI 会按照逻辑关系，帮你把这些知识点一个个地串联起来，形成一个清晰的知识框架。就像用积木搭城堡一样，AI 会把相关的知识点放在一起，让你一眼就能看出它们之间的联系。

最后，如果你还是不明白 AI 生成的知识框架中各个知识点之间的联系，可以要求 AI 用简单易懂的语言，或者通过打比方的方式，

给你解释这些知识点之间的关联，或者为什么把它们关联在一起。就像建筑师给你讲解城堡的结构一样，AI 会让你明白每个部分的作用和重要性，你就可以利用这个知识框架系统地复习。

案例

蒜哥学完了数学的一个章节，感觉知识点又多又乱。他把课本拍照发给AI，说："请帮我把这些知识点梳理成一个系统框架。"

AI 很快就满足了蒜哥的要求。蒜哥一看，哇，原来这些知识点之间有这么多的联系！他一下子就明白了这个章节的重点和难点。

策略 19:

备考复习无从下手？
AI 量身定制复习计划，助你提升效率

你知道吗？ AI 就像你书包里的"魔法笔记本"，能帮你把杂乱的知识点整理成一张"复习地图"。你每掌握一个重点，就像在地图上点亮一颗星星，当你把地图都

"奇思妙想"小贴士

动脑筋想想，和 AI 聊聊：要是猫咪能变成人类，它们最想做的第一件事是什么？

探索完，复习计划自然就完成了。

三步教你玩转 AI "魔法笔记本"。

第1步：告诉 AI 考试内容和你的复习目标。

尽量不要宽泛地说"我要复习语文"，尝试说得具体些，例如"下周四考五年级语文第三单元，帮我用表格列出每天的复习任务"。

第2步：让 AI 当你的"时间管家"。

哎呀！时间又来不及了！

是不是又要考试啦，总是没有时间规划！

你可以在执行复习计划几天后告诉 AI 你的进度，让 AI 按照你的复习节奏调整后续计划。

第3步：让 AI 给你出题。

复习一段时间后，你可以让 AI 给你出题，比如将复习范围内的单词表拍照发给 AI，然后对 AI 说："你来说英语单词，我来说中文意思，你判断我说得对不对。"

案 例

蒜哥要复习语文第五单元，他把课本目录拍下来发给 AI，AI 很快生成了一个复习计划表：复习课文中的生词，进行造句、仿写、转换句型等练习，并背诵课文。按照复习内容，AI 同时给出了时间表。考试前，蒜哥还让 AI 给他出了几道练习题。

策略 20：

考前预测如何精准？
AI 智能分析，锁定考试关键点

　　你有没有遇到这样的情况：很多复习过的知识点在考试中没考到，试题考查的一些知识点你恰好不熟悉？你可以试试让 AI 帮你预

测考试内容。AI就像一位"考点预言家"，能够帮你分析出题规律，预测考试会考查哪些知识点，以及这些知识点会以哪些题型出现。有了 AI，考前复习时你就会像开了"外挂"，再也不怕摸不准考点了。

用 AI 进行考前预测的操作方法如下。

第 1 步：告诉 AI 你的考试范围，例如"下次数学考试的考查范围是人教版五年级数学上册 1～4 单元"，并上传教材的照片。

第 2 步：让 AI 整理高频考点表。AI 可能会用不同图形表示考点的频率，例如用五角形表示超高频考点，用三角形表示重点。

第3步：让 AI 按照你以往试卷的结构和内容，为你生成一套考前模拟卷。

第4步：考试前 1 天，让 AI 预测几个考查概率较大的核心知识点来帮你加强记忆。

案 例

期末考试前，蒜哥让 AI 预测英语考试的考点。AI 整理了高频词汇、常考句型，还预测了几个可能会出现的作文题目。蒜哥根据 AI 的预测提前准备了作文素材，考试时果然用上了！

魔法小实验

下次考试前，让 AI 根据考试范围，帮你预测考试可能会出现的题目。

考后分析如何做？
AI 智能复盘，为你定制提升策略

考试就像一场刺激的"知识大冒险"，考后复盘可不是对着试卷唉声叹气，而是你捡装备、升级技能的黄金时间。AI 就像你的专属游戏管家，帮你把错题变成"经验值礼包"，把考试变成升级打怪的成长阶梯。

用 AI 进行智能复盘的方法如下。

第 1 步：把你写完的各科试卷拍照传给 AI，AI 会化身成一台"扫描仪"，快速收集相关信息。

第 2 步：让 AI 分析每道题丢分的原因，看看是因为粗心还是因为知识点掌握得不牢。

第 3 步：让 AI 给你定制提升方案，提高你的考试"战斗力"。

魔法小实验

试试把你的英语试卷拍照上传给 AI，让它针对相关知识点，和你用英语进行情景对话练习。

数学错题归因：
精准定位薄弱点，快速提升不费力

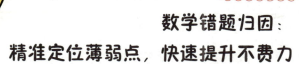

你是不是有时候做数学题，明明感觉自己已经很努力了，但还是会错那么几道？别灰心，其实数学题就像迷宫，有时候我们可能会在里面绕弯路。不过，AI 能帮我们找出迷宫的出口。它能深度分析我们出错的原因，帮我们精准定位薄弱点，有针对性地进行提升。

想让 AI 帮你走出数学迷宫吗?

首先,遇到错题时,把错题拍下来,或者把题目和答案打出来发给 AI。就像告诉朋友你遇到了什么困难,让他帮你一起想办法。

接着,AI 会仔细分析你的错题,然后告诉你错在了哪里,是读题不清、计算失误,还是知识点没掌握牢固。AI 还会根据你的错题情况,精准定位你的薄弱点,比如是哪个知识点没学

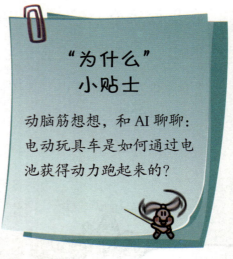

**"为什么"
小贴士**

动脑筋想想,和 AI 聊聊:
电动玩具车是如何通过电池获得动力跑起来的?

透,或者哪种题型容易出错。

最后,你可以让 AI 根据你的薄弱点,制定个性化的提升方案。比如给你出一些针对性

的练习题，或者提供一些学习资源和技巧。就像给你一份定制的地图，让你在数学的迷宫里走得更顺畅。

案 例

鲨不闲总是做错分数的加减法题目，他把自己做错的题目拍下来发给 AI，让 AI 帮自己分析："我为什么总是算错分数的加减法呢？"

AI 回复说："……这道题目错在你没有把分母找对，其实分数的加减法要先找公分母，然后再进行加减……"

之后，鲨不闲让 AI 根据自己的错误，出了 30 道类似的题目进行针对性练习，并对照检查自己的练习成果。经过不断查找出错原因和有针对性地进行练习，他的数学成绩越来越好。

策略 23：

找不准课本重点？
AI 精准提炼，让你学习更高效

学习的时候，想在短时间内把所有知识点都记住是很难的。如果你能提炼出关键知识点，将大大节约时间。AI 就像一位"知识炼金师"，能帮你把繁多的知识点变成闪闪发光的金子。你会发现记住课本上的内容一点都不难了。

如何用 AI 吃透课本里的知识点？

首先，拍下课本和笔记内容，对 AI 说："帮我找出里面的重点。" AI 会帮你找出关键词，比如列出数学课本中每个章节的核心公式和经典题型。

然后，让 AI 用不同的方法帮你记忆知识点，比如根据重点生成顺口溜、趣味故事或问答题。

呃……你要看这么多书啊……

唉，完全抓不住重点！

案 例

　　鲨不闲在学习"太阳系"这一单元时，觉得知识点繁多且难以记忆。于是，他让 AI 根据课本内容提炼重点。AI 先用列举关键词的方法，总结了太阳系的八大行星、行星顺序以及各自的特点。然后，AI 绘制了一幅生动的示意图，展示了太阳系中行星的运行轨道、太阳的位置以及行星之间的相对大小。最后，AI 还生成了一系列关于太阳系的问答题，让鲨不闲通过回答问题来进一步巩固所学知识。

魔法小实验

　　把你最近学习的一篇课文发给 AI，让它为你找出重要知识点，并帮助你记忆学习。

拓展语文阅读：
AI 推荐相关文章，带你畅游知识海洋

　　你是不是有时候觉得语文拓展阅读的选择太少，好像没什么可读的，感觉视野都变窄了？别担心，AI 能帮助你拓宽阅读视野！它就像一位贴心的图书管理员，能根据你的阅读兴趣和水平，为你推荐相关主题的书籍或文章，让你的阅读之旅更加多姿多彩。

想让 AI 带你畅游知识的海洋吗？

　　首先，你要告诉 AI 你喜欢的阅读主题，比如是动物世界、奇幻冒险、历史故事还是科学探索？还有，你现在的阅读水平是怎样的，是喜欢简单易懂的文章，还是想要挑战一些有深度的内容？就像告诉图书管理员你的喜好和阅读需求，让他帮你找到最合适的书籍一样。

接着，AI 会从海量的文章中，挑出符合你要求的书籍。比如，如果你喜欢动物世界，AI可能会推荐一篇介绍大熊猫生活习性的文章，或者一篇讲述海洋生物奇妙之处的科普文。这些文章不仅有趣，还能让你学到很多新知识。

"奇思妙想"小贴士

动脑筋想想，和 AI 聊聊：有没有可能发明一种眼镜，能看穿墙壁看到后面的东西？

最后，如果你读完了 AI 推荐的文章，还想继续深入了解某个主题，或者对文章中的内容有疑问，可以随时告诉 AI。AI 会为你提供更多的相关文章，或者解答你的疑问，帮你更好地学习相关知识。

蒜哥对历史故事特别感兴趣，但他不知道从哪里开始读起。他问 AI："我现在上初中一年级，想要做些拓展阅读，我比较喜欢中国历史故事，你能推荐一些书籍吗？"

AI 回复说："当然可以！你可以看看《中国历史故事集》，作者是林汉达。这本书讲述了中国历史上的一系列重大事件和人物故事。语言通俗易懂，非常适合初中生阅读，能够让你在轻松愉快的阅读中了解中国古代历史的发展脉络。"

策略 25：

情绪低落怎么办？
虚拟伙伴陪你聊天，瞬间提振精神

心情不好、闷闷不乐时，试试把 AI 当成"情绪树洞"吧。当你被难题打击、被考试压得喘不过气时，AI 就像你的好朋友，随时陪伴在你身边，跟你聊天解闷。

 在下列情景下，你都可以试试召唤 AI。

当你在考试中没有发挥好，可以跟 AI

说："我今天数学考砸了，想哭……"AI可能会讲故事给你听，把考试描绘成打怪兽，来哄你开心。

当你和朋友吵架了，不知道如何向朋友道歉，可以问问AI："我不好意思开口道歉，你有什么好办法吗？"

只要是情绪低落时，你都可以把遇到的问题告诉AI，或者直接跟AI说"夸夸我、鼓励我、给我加油"。

鲨不闲对 AI 说："美术课上，同学说我画的画不好看，我很难过。"他把画拍下来发给 AI 后，AI 夸了他画得好的地方，还安慰他说一些著名的艺术家也曾被人说过画的画不好看。

魔法小实验

最近你有没有难过的时刻？把你的烦恼告诉 AI，看看它会说什么。

策略 26：

好奇心·无限？
AI 化身十万个为什么，满足你的探索欲

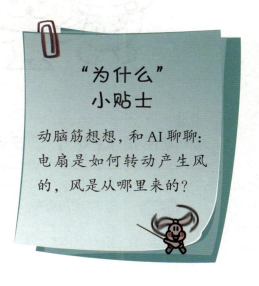

"为什么"小贴士

动脑筋想想，和 AI 聊聊：电扇是如何转动产生风的，风是从哪里来的？

你是不是经常有很多疑问，比如"为什么天空是蓝色的？""为什么我被蚊子咬之后会痒？""火山为什么会喷发？"无论你有什么问题，都可以询问 AI。它就像一个 24 小时在线的"百科全书精灵"，随时准备回答你的奇思妙想，而且你不用担心它会不耐烦。

155

如何使用 AI 这个"百科全书"呢？

首先，你可以像聊天一样向 AI 提问。试着提一些具体的问题，比如"种植物的时候为什么要浇水？"

其次，除了生活中的问题，你还可以向 AI 提问你想象的情景，比如"如果太阳消失会怎样？"

最后，你还可以让 AI 根据你的问题，帮你设计一些可以操作的小实验。

蒜哥问 AI："为什么橡皮能擦掉铅笔字？"AI 不仅解释了石墨的特性，还建议蒜哥用橡皮去擦不同硬度铅笔写的字，观察纸屑变化。

魔法小实验

向 AI 提问你最近好奇的事。在 AI 回答后，再试试让它把答案画成漫画。

策略 27：

拓展课外知识：
AI 筛选优质资料，让你学习更有趣

你是不是有时候觉得课外知识像海洋一样广阔，不知道从哪里开始探索？别担心，AI

就像一位聪明的导游，能根据你的兴趣和学习水平，带你找到最适合你的课外读物和科普节目，让你的知识面越来越广。

想让 AI 帮你拓展课外知识吗？

首先，你要告诉 AI 你的兴趣爱好，比如你是喜欢动物、太空、历史还是科学小实验，以及你目前在这个领域的学习水平是怎样的，是刚开始接触还是已经有一定了解了。这就像给导游讲解你的喜好和旅行经验，让他为你规划最合适的行程一样。

接着，AI 会从海量的课外读物和科普节目中，挑出最适合你的内容。比如，如果你喜欢动物，AI 可能会推荐一本关于非洲大草原上动物如何生活的书，或者一个介绍海洋生物的科普节目。这些内容都超级有趣，而且符合你的兴趣和学习水平。

最后，如果你看完了 AI 推荐的内容，或者对 AI 推荐的内容不满意，你可以继续向 AI 提问。AI 会为你提供更多的相关资料或建议，帮你更好地拓宽知识面。

案 例

鲨不闲对昆虫特别感兴趣，但他还不知道从哪里开始了解。他问 AI："我是一名初中一年级的学生，我想了解一些昆虫知识，你能为我推荐一些好书或节目吗？"

AI 回复说："当然可以！推荐书籍《昆虫记》，内容特点：这本书用诗意的语言描写昆虫世界，如蝉的地下四年、螳螂的捕食策略。书中配有显微摄影图，能让你近距离观察昆虫的复眼、触角等结构。

　　"推荐节目《昆虫的奇妙世界》，内容特点：聚焦全球昆虫的生存智慧，如印度象鼻虫如何用长鼻子'开椰子'，新西兰萤火虫如何用闪光密码求偶，非洲行军蚁集体迁移时如何分工协作。"

魔法小实验

　　把你感兴趣的课外读物或科普节目类型告诉 AI，让它帮你挑选推荐，然后开始阅读或观看吧！

假期逆袭秘籍：
又玩又学不迷茫，AI 助你定计划

　　每当假期来临，你是不是既想痛痛快快地玩，又想偷偷变厉害，实现学习上的大逆袭呢？在假期里，真的可以既玩好，又同步提升学习成绩吗？当然可以！有了 AI 这个超级学习小助手，你的假期就可以既快乐又充实！

想让 AI 帮你制订逆袭计划吗？

　　首先，告诉 AI 你的假期有多长，比如是 30 天还是 40 天？然后，想想你这段时间里

想重点提升哪个学科，是数学、语文还是英语？当然，别忘了告诉 AI 你想在假期里玩什么，或者想发展什么兴趣爱好，是画画、唱歌、跳舞，还是其他。

接着，AI 会根据你的时间和要求，帮你安排每天的学习任务，为你量身定制一份时间规划。比如，周一学数学，做几道有趣的题目；周二读一本好书，写写读后感；周三练习画画，画一幅你喜欢的风景画。AI 还会告诉你每项任务大概需要多少时间，这样你就不会觉得太累了。

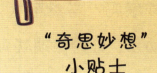

"奇思妙想"
小贴士

动脑筋想想，和 AI 聊聊：太阳公公的家在哪里，他每天下班都回家做些什么？

你还可以把上学期考试的卷子拍照发给

AI，让它帮你有针对性地回顾和解析错题，并将针对错题的专项提升计划纳入假期计划中。你也可以把下学期要学的课本内容发给 AI，让它帮你制订预习计划，同样纳入假期计划中。

最后，就是执行假期计划啦！每当你按照计划完成一天的任务后，可以给自己一个小奖励。你会发现，休闲娱乐时间并没有减少，学习也变得有趣多了！

鲨不闲以前学习不好，一到假期就想着玩。寒假期间，他让 AI 帮他制订了一个假期学习计划。每天，他都按照计划来学习，学得很认真，玩得也开心。进入下学期后，鲨不闲的成绩突飞猛进，妈妈和老师都夸他进步了。

魔法小实验

快用 AI 为你的下个假期制订一个学习计划吧！

物理知识太抽象？
AI 带你轻松具象化，突破理解难关

你是不是常常觉得物理知识抽象得像一团迷雾，那些复杂的概念、抽象的原理，就像一座座难以翻越的大山，阻碍了你在物理世界中的前行？别烦恼，其实物理的抽象就像隐藏在黑暗中的宝藏，只要找到那盏明灯，就能将其尽收眼底，而 AI 就是那盏照亮前路的明灯！

165

想让 AI 帮你攻克物理学习的难关吗？

首先，当你被某个物理概念或现象弄得一头雾水时，比如弄不懂电路是如何工作的，或是搞不清光的折射原理，你可以把你的疑惑详细地描述出来，然后问 AI，比如："我不理解串联电路中电流为什么处处相等，能给我解释一下吗？"，或者用语音直接向 AI 发问。

为什么串联电路中电流处处相等呢？

接着，AI 就会迅速行动起来，它会从海量的知识中筛选出最适合你的解释方式。它会用生活中的例子，比如水流来类比电流，让抽象的知识变得通俗易懂。如果你还是不太明白，还能让 AI 换一种方式讲解，直到你恍然大悟。

最后，当你借助 AI 理解了物理知识后，可不能浅尝辄止。你可以让 AI 给你出几道相关的练习题，检验一下自己是否真的掌

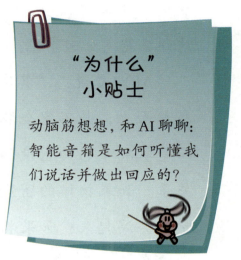

"为什么"
小贴士

动脑筋想想，和 AI 聊聊：智能音箱是如何听懂我们说话并做出回应的？

握了。通过练习，你会发现自己对知识的理解更加深入，运用起来也更加得心应手。

蒜哥对浮力的原理感到困惑，于是他问 AI："我正在学习浮力，但我真的搞不懂到底什么东西会浮起来，什么东西会沉下去。难道不是重的东西都会沉底吗？苹果这么重，为什么会浮起来？这到底是怎么回事呢？"

AI 回复说："其实，物体是否会浮在水面上，并不完全取决于它的重量，而是取决于它的密度和水的密度之间的关系。如果物体的密度小于水的密度，它就会浮起来；如果物体的密度大于水的密度，它就会沉下去。"

接着，AI 又提供了一系列动画演示，通过直观的画面和详细的讲解，蒜哥逐渐明白了密度的原理，以及它如何影响物体的浮沉。

魔法小实验

下次当你在物理学习中遇到抽象难懂的知识时，大胆向 AI 求助，看看 AI 能为你带来多少种新奇有趣的理解方式，让物理学习变得轻松又有趣。

原来苹果真的可以浮在水面上！

策略 30：

元素知识太枯燥？
AI 讲元素故事，让化学学习妙趣横生

你是不是在化学学习中，一遇到元素相关知识就觉得枯燥乏味？那些密密麻麻的元素符号、繁杂的元素特性，是不是像一片沉闷的乌云，遮住了你对化学学习的热情？别灰心，其实元素知识就像一个个被尘封的宝藏故事，只要找到开启宝库的钥匙，你就能走进奇妙的元素世界！

想让 AI 帮你攻克元素知识学习的难关吗？

首先，当你对某个元素感到好奇又无从了解时，比如神秘的镭元素，你可以向 AI 提问："能给我讲讲镭元素发现的故事吗？它有

什么独特的性质和用途?"

接着, AI 会像一位知识渊博的故事大王, 从居里夫人发现镭元素的艰辛历程讲起, 详细

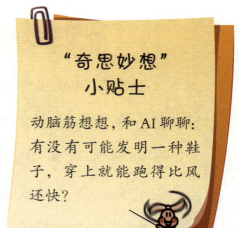

"奇思妙想"
小贴士

动脑筋想想, 和 AI 聊聊:
有没有可能发明一种鞋子, 穿上就能跑得比风还快?

讲述镭元素如何在一次次实验中被世人知晓。它还会生动地描绘镭元素独特的放射性现象, 以及在医疗、工业等领域的重要用途。要是你对某个情节或元素特性不太理解, 还能让 AI 进一步阐释, 用更形象的比喻或实例, 让你一听就懂。

最后, 当你借助 AI 听完元素故事, 了解了相关知识后, 可别就此打住。你可以让 AI 出一些与该元素相关的小问题, 比如 "镭元素在医疗领域的具体应用原理是什么", 通过解答这些问题, 加深对元素知识的记忆与理解。

蒜哥在学习化学元素周期表时，对稀有元素氦感到十分好奇，又觉得课本上的介绍太过简单。于是，他问 AI："氦元素是怎么被发现的，它有什么特别之处？" AI 为蒜哥讲述了氦元素从在太阳光谱中被首次发现，到在地球上被成功分离的有趣故事，还详细介绍了氦气密度小、化学性质稳定等特性，及其在气球填充、核磁共振成像等方面的应用。蒜哥听得津津有味，对氦元素有了全面认识。之后，蒜哥让 AI 给出一些关于氦元素的拓展问题，如"在太空中氦元素的分布有什么特点"，通过思考解答，蒜哥对氦元素的理解远超课本知识，对化学学习的兴趣也越发浓厚。

魔法小实验

让AI给你讲述元素周期表的故事。

第 6 章

AI 帮我学超厉害：
如何把 AI 外挂和世界
顶级学习法结合起来

1. 如果时间旅行是可能的，回到恐龙时代要注意什么？

2. 地球的中心会不会住着一群会发光的小精灵，它们在守护着地球？

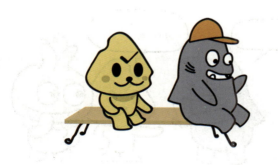

3. 要是有一种神奇画笔，画出来的东西能变成真的，你第一笔会画什么？

4. 天空中的流星是星星的眼泪吗，它们为什么会掉下来？

5. 蚂蚁如果变得和人类一样大，它们能统治世界吗？

6. 闹钟是怎么在设定的时间准时响铃的？

7. 为什么冬天脱毛衣会有火花,夏天却没有?

8. 要是地球上的所有植物都会跳舞,它们会跳出什么样的舞蹈?

9. 要是有一天地球上的石头都变成了面包，人们的生活会发生什么变化？

10. 为什么镜子能照出我们的样子，它有什么特别的？

11. 风是从哪里来的，它有没有自己的目的地？

12. 为什么火箭能冲破大气层，飞向太空？

你知道吗？

13. 为什么花朵会有各种不同的颜色和香味?

14. 要是我们能和家具互换一天身份,你觉得椅子会如何度过人类的一天?

15. 如果动物能听懂人类说话，它们最想对我们说的一句话是什么？

16. 汽车的轮胎为什么是圆的，方的不行吗？

17. 电子手表是怎么准确显示时间的，它会出错吗？

18. 假如地球的重力突然变成原来的一半，日常生活会发生哪些有趣的变化？

19. 森林里的大树有没有自己的国王，它是怎么管理森林的？

20. 数码相机是怎么把我们的照片拍下来并保存的？

21. 太阳如果突然休假一天，地球会怎么样？

22. 为什么有的叶子到了秋天会变红，而不是一直绿色？

23. 为什么夏天容易打雷闪电，冬天很少有？

24. 要是有一种魔法镜子，能照出未来的自己，你希望看到自己从事什么职业？

25. 为什么有的叶子到了秋天会变红，而不是一直绿？

26. 如果铅笔和橡皮吵架了，它们会因为什么事情而争吵？

27. 月亮上的环形山是外星人的脚印吗，他们为什么会留下这么多脚印？

28. 要是我们能和云朵交朋友，它们会带我们去哪里玩？

29. 打印机是如何把文字和图片印到纸上的？

30. 扫地机器人是怎么知道哪里有垃圾要清扫的？

对啊，怎么知道的？

31. 电梯是怎样知道人们要去几楼的？

32. 有没有可能发明一种机器，把噩梦变成美梦？

33. 要是所有的花朵都会说话，它们会告诉我们什么秘密？

34. 为什么冬天会下雪，夏天不会呢？

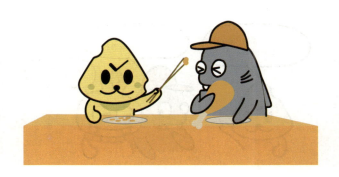

35. 为什么空调能让房间变凉快？

36. 假如有一天地球上所有的货币都变成了糖果，买东西会发生什么趣事？

37. 如果动物也能上学，它们会选择什么科目作为自己的特长？

38. 有没有可能存在一种魔法，能让我们瞬间学会所有知识？

39. 加湿器是怎么把水变成雾气散发出来的？

40. 洗衣机是怎么把衣服洗干净的？

41. 大海深处的美人鱼用什么做房子，她们的家漂亮吗？

42. 为什么放大镜能把东西放大？

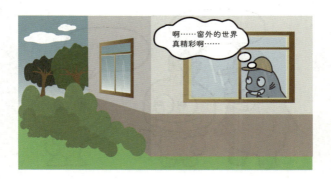

43. 为什么树叶会在秋天掉落，春天又长出来？

44. 要是天空中的云朵变成各种美食的形状，比如棉花糖云、巧克力云，世界会变成什么样？

45. 风如果会画画，它会画出什么样的美丽画卷？

46. 冰箱为什么能让食物保存更久？

47. 为什么植物的叶子大多数是绿色的？

48. 自动扶梯是怎么一直不停地运转的？

49. 太阳能热水器是如何利用太阳来加热水的？

50. 森林里的小鸟会不会举办歌唱比赛，谁会是冠军？

51. 要是月亮变成了绿色，会是什么原因造成的呢？

52. 为什么海水是咸的，湖水却不是？

53. 为什么指南针总是指向南方？

54. 如果有一天地球上的水都变成了汽水，会发生什么？

55. 要是我们能和动物交换身体一天，你最想变成什么动物，做些什么？

56. 太阳能路灯是如何在晚上自动亮起的？

57. 为什么放大镜在太阳下能点燃东西？

58. 蓝牙设备是怎么实现无线连接的，信号不会消失吗？

59. 未来人类能和机器人成为好朋友吗？机器人会帮我们做什么？

60. 宇宙里有没有其他智慧生命？他们长什么样？

6.1　AI+费曼学习法，提升自驱力，万物皆可为我所用

　　费曼学习法是由一位非常厉害的物理学家费曼叔叔提出的。它的核心思想是"输出倒逼输入"，简单来说，就是当你学了新知识后，要像小老师一样讲给别人听。在讲的过程中，如果发现自己有讲不明白的地方，那就说明你还没学懂，要赶紧再去学，直到能讲清楚为止。比如，你学了"植物的一生"这一课，就试着讲给小伙伴听，要是讲着讲着卡住了，

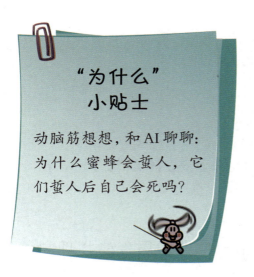

"为什么"
小贴士

动脑筋想想，和AI聊聊：
为什么蜜蜂会蜇人，它
们蜇人后自己会死吗？

就再去翻翻书、查查资料。

那么，怎么应用费曼学习法呢？其实很简单，只需四步。

第一步，找到你要学的东西，比如数学的乘法口诀，或者语文课本里的古诗。

第二步，想象自己是老师，要把这个知识教给同学。讲的时候，可别用太难懂的话，要用平时聊天那样简单的语言来讲。

第三步，讲完之后，想想自己哪里讲得不太好，哪里卡住了，这些地方就是你没学会的，要重新去学。

第四步，再把这个知识讲一遍，这一次要讲得更简单、更清楚，这样你就真正学会了！

　　现在有了 AI，你可以把自己当成 AI 的小老师。把你学到的知识讲给 AI 听，它会认真地听，然后告诉你哪里讲得好，哪里还需要改

进。比如，你讲乘法口诀的时候，如果顺序搞错了，AI 会马上指出来，还会给你举一些有趣的例子，帮你理解。

而且，AI 还有很多好玩的工具，能帮你把学到的知识做成漂亮的图片、好玩的动画，这样你再给别人讲的时候，大家会听得更明白，也会觉得更有意思！

同学们，你们发现了吗？费曼学习法和用 AI 学习的逻辑就像一对双胞胎，本质上是相通的！

费曼学习法，就是通过当小老师把知识讲出去，用输出的方式逼着自己更好地理解知识，弄明白自己到底学会了多少。在这个过程中，你得先清楚自己要讲什么内容，想把知识讲到什么程度，这样才能知道要学哪些知识，这就是所谓的"输出倒逼输入"。

用 AI 学习也是一个道理。我们要先确定目标，比如想通过 AI 学会画画，就得先告诉 AI，我们想画出什么样的画，是美丽的风景画还是可爱的动物画。AI 会根据这个目标为我们提供相应的绘画技巧、颜色搭配等知识，这其实也是通过输出（我们告诉 AI 的目标）来决定输入（AI 提供给我们的知识）。

这说明，人们智慧顶端的两大工具或方法，本质上是融会贯通的。它们都揭示了一个

关键道理：明确的目标比盲目的努力更加重要。在我们学习和成长的道路上，不管是借助费曼学习法的神奇力量，还是依靠 AI 这个强大的伙伴，只要我们明确自己想要成为什么样的人，想在知识的海洋里收获什么，就能精准地朝着目标前进。

6.2　AI+ 西蒙学习法，提升专注力，速学知识并不难

接下来，我要给大家介绍一种超棒的学

习方法——西蒙学习法，并且讲讲在这个到处都有 AI 帮忙的时代，如何才能让它发挥更大的威力！

西蒙学习法是由一位非常杰出的科学家赫伯特·西蒙提出的。他发现，只要我们集中精力，投入大约 6 个月的时间，就能掌握一门学问。这听起来是不是很酷？就像有一个神奇的魔法，能让我们在短时间内成为某个领域的"小专家"。

那为什么这个方法这么有效呢？其实这就像我们玩游戏的时候，全神贯注地攻打一个大 BOSS。当我们把所有的注意

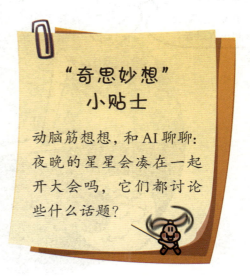

"奇思妙想"
小贴士

动脑筋想想，和 AI 聊聊：夜晚的星星会凑在一起开大会吗，它们都讨论些什么话题？

力、所有的力量都集中在一个点上，就更容易突破难关，取得胜利。学习也是一样，当我们专注于一门知识，不被其他事情分散注意力，大脑就能更好地吸收和理解这些知识，把它们牢牢地记在心里。

比如，有同学想学习围棋，如果每天都专心地研究围棋的规则、战术，坚持练习下棋，几个月后，就会发现自己的围棋水平突飞猛进，从一个"小菜鸟"变成了能和小伙伴们一较高下的小棋手。

那么，西蒙学习法该怎么应用呢？

第一步，明确自己的学习目标。这个目标必须具体、清晰，就像我们在地图上标定一个确切的目的地一样。比如，你不能只是说"我要学数学"，这样太笼统了。你可以说"我要在接下来的3个月里，掌握三年级数学下册课本里的所有知识，并且每次考试都能达到90分以上"，或者"我要在2个月内，熟练背诵《唐诗三百首》中的50首古诗"。只有目标明确了，我们才能找准努力的方向。

第二步，把大目标拆分成小任务。就像把一个大蛋糕切成一小块一小块的，这样吃起来就更容易下口。比如，你要在 3 个月内

"为什么"
小贴士

动脑筋想想，和 AI 聊聊：为什么彩虹有七种颜色？

学会三年级数学下册课本里的所有知识，那你可以把 3 个月分成 12 周，每周制订一个小计划。第一周学习第一单元的内容，包括认识图形、计算面积等。每天再安排具体的学习时间，比如每天晚上花 1 小时学数学，其中 30 分钟看课本、听讲解，30 分钟做练习题。这样一步一步地，把大目标分解成每天可以完成的小任务，我们就不会觉得困难重重了。

第三步，集中精力学习。这一步可是西

蒙学习法的关键哦！当我们开始学习的时候，要把所有的注意力都集中在当前的任务上。就像你在看一本特别有趣的漫画书时，眼睛只盯着漫画，脑子里只想着漫画里的情节，其他什么都不管。学习的时候也是一样，把手机、电视、玩具都放在一边，坐在安静的书桌前，认真地看课本、做练习。如果你在学英语单词，那就一个单词一个单词地认真读、写、记，不要一边学一边想其他事情。只有集中精力，我

们才能学得又快又好。

　　第四步，定期复习和总结。学习可不是学完了就万事大吉了，还要经常复习巩固。就像我们走一段路后，要时不时回头看看留下的脚印，看看有没有走偏。我们学过的知识也一

样，要定期复习才能记
得更牢。比如，每周学
完新的数学知识后，周
末的时候要都复习一遍，
看看自己哪些地方掌握
得好，哪些地方还不太

明白。对于不懂的地方，要重新学习，直到弄
懂为止。每个月再做一次总结，把这个月学的
知识串联起来，检查自己是不是真的掌握了。
这样不断地复习和总结，我们就能把知识学得
更扎实、更牢固。

　　AI 时代，我们如何更好地应用西蒙学习
法呢？

　　在 AI 时代，我们可以借助 AI 来更精准地
确定学习目标。比如，你想学习画画，但是不
知道自己应该达到什么水平。这时，你就可以
问问 AI："小学生学习画画，1 个月内可以达

到什么水平？"AI会告诉你，在1个月内，你可以掌握基本的线条绘制、简单图形的组合技巧，并能画出一些简单的卡通形象。然后你就可以根据AI的建议，制定学习目标了，比如"我要在1个月内，学会画10种不同的卡通动物"。AI还能根据你的实际情况，帮你调整目标，确保目标既不会太简单，也不会太难，刚刚好适合你。

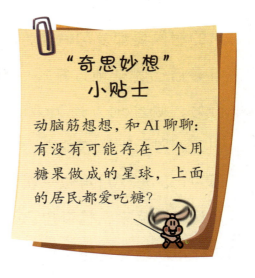

"奇思妙想"
小贴士

动脑筋想想，和AI聊聊：有没有可能存在一个用糖果做成的星球，上面的居民都爱吃糖？

AI还能把复杂的学习任务拆分成更详细、更合理的小任务。还是以学画简笔画卡通动物为例，AI会帮你把1个月的学习时间分成4周。第一周，学习握笔姿势和不同线条的画法；第二周，学习画圆形、三角形、方形等基本图形；第三周，学习用基本图形组合成简单的卡通动物；第四周，给画好的卡通动物上色，并且尝试自己创作一些简单的卡通场景。每周的任务又可以细分到每天，AI 会给你安排每天具体的学习内容和练习时间，让你清楚地

分解任务，集中学习，就能各个击破。

这么多书，怎么看得完？

知道每天要做什么，学习起来更加有条不紊。

　　有时候，我们很难集中精力去学习，这时，AI 也能助我们一臂之力。比如，AI 可以提供一些有趣的学习动画，把枯燥的知识变得生动有趣，帮助我们快速进入学习状态。

　　AI 也可以帮助我们更高效地复习和总结。当你学完一个单元的语文知识后，AI 学习软件可以根据你之前做过的练习题和作业，分析出你哪些知识点掌握得好，哪些还需要加强。然后，它会给你推荐一些针对性的复习资料，如专门针对你薄弱点的练习题、讲解视频等。在总结方面，AI 可以帮你把学过的知识整理成思维导图，让你更清楚地看到知识之间的联系。比如，学完"植物的一生"这一课，AI能帮你画出思维导图，从种子发芽到长出茎叶，再到开花结果，把整个过程清晰地展示出来，方便你记忆和理解。

6.3 AI+ 康奈尔笔记法，提升理解力，帮助理解巧发散

在我们努力学习新知识的过程中，掌握一种高效的笔记方法能让学习事半功倍。接下来，我要介绍一种超实用的笔记方法——康奈尔笔记法！

康奈尔笔记法是由美国

康奈尔大学的教授沃尔特·鲍克提出的，它把一页笔记分成三个区域，就像把一个大房间隔成三个小空间一样。

右侧的大部分空间是笔记区，用来记录课堂上老师讲的重点内容、重要概念和例子；左侧是提示区，课后可以在这里总结笔记内

提示区

笔记区

摘要区

康奈尔笔记法将一页笔记分成三个区域，分别是笔记区、提示区和摘要区。

"为什么"
小贴士

动脑筋想想，和 AI 聊聊：电话是怎么实现远距离通话的，为什么声音能跑那么远？

容、提出问题和列出关键词，帮助我们快速回顾重点；而最下面的部分是摘要区，要求我们用自己的话概括这页笔记的核心内容，以加深对知识的理解和记忆。

这个方法就像是给知识打造了一个有条理的小仓库，使我们能够轻松找到需要的信息。比如，在学习数学的图形面积计算时，我们可以在笔记区记录三角形、长方形、正方形面积公式的推导过程和老师讲的例题；在提示区写下每个公式的关键要点，如三角形面积计算时要除以 2；在摘要区梳理这几种图形面积计算方法的联系和区别。这样，复习的时候一看笔记，就能很快回忆起相关知识点。

那么，康奈尔笔记法应该如何应用呢？

第一步，记录笔记。上课时，我们首先要专注于笔记区，快速、准确地记下老师在黑板上写的内容、强调的重点以及讲解的重要例子。比如，语文课上学习古诗词时，我们可以把诗词原文、生字词的解释、诗句的翻译以及老师对诗词意境和情感的分析都写在笔记区。记录时，要注意条理清晰，可以适当使用一些符号和缩写来节省时间。比如"因为"可以简写为"∵"，"所以"可以简写为"∴"。

第二步，提炼总结到提示区。

下课后，不要着急出去玩，花几分钟时间看看笔记区的内容，把

重要的知识点和自己不太理解的地方提炼出来，写在提示区。比如，学习英语语法中的一般过去时，我们在笔记区记录了很多动词过去式的变化规则和例句，在提示区就可以写下"一般过去时常见时间标志词（yesterday、last week 等）""不规则动词过去式特殊记忆点"等，让自己能快速抓住重点。

第三步，概括总结到摘要区。

一天的课程结束后，晚上回到家，拿出当天的笔记，认真阅读笔记区和提示区的内容，然后在摘要区用自己的话概括这一天学习的核心知识。比如，学了科学课的声音传播知识，我们可以在摘要区写："声音传播需要介质，固体、液体、气体都能传声，但声音在固体中传播最快，真空中不能传声。今天做的土电话实验就证明了固体能传声。"通过这样的总结，把知识真正内化成自己的。

在 AI 时代，我们可以利用一些智能笔记软件来辅助学习。比如在课堂上，如果老师讲得太快，我们没来得及记录完整，课后可以对着智能笔记软件说出没记全的部分，它能帮我们补充完整。而且，有些 AI 工具还能识别我们写的笔记内容，自动帮我们把重点内容标注出来，让

它们一下子就被看到。例如学习历史事件时，
AI 能把笔记中的重要时间、人物、事件经过
等关键信息突出
显示出来。

当我们把笔
记内容提炼总结
到提示区时，AI
也可以给我们提
供思路。比如，
我们对着 AI 描述

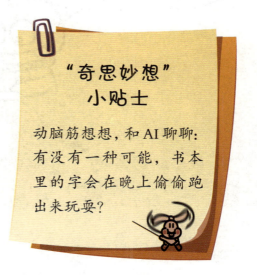

"奇思妙想"
小贴士

动脑筋想想，和 AI 聊聊：
有没有一种可能，书本
里的字会在晚上偷偷跑
出来玩耍？

笔记区中关于数学应用题解题步骤的内容，AI
就能帮我们分析出关键解题要点、易错点，
还能给出一些简洁的总结话术，让我们更轻
松、更准确地提炼总结。比如，"行程问题
的解题关键在于找准路程、速度和时间的对
应关系"。

在摘要区，AI 能帮我们对总结的内容进

行拓展和深化。比如，我们总结了语文课上学习的一篇课文的主要内容，AI 可以给出这篇课文在写作手法上的更多分析，或者推荐相关主题的其他文章，让我们对知识有一个更全面、深入的理解。此外，AI 还能把我们的总结内容制作成有趣的图表和思维导图，让知识呈现更加直观。

6.4 AI+番茄工作法，提升规划力，掌控时间很轻松

同学们，在你们的学习生活中，是不是经常觉得时间不够用，或者学一会儿就容易分心？那你们需要了解一个超棒的时间管理方法——番茄工作法。现在，就让我们一起来看看什么是番茄工作法，以及在 AI 时代，怎么让它发挥更大的作用，帮助我们更高效地学习。

番茄工作法是由弗朗西斯科·西里洛发明的。它把做事的时间分成每 25 分钟一段，每段即一个番茄时间（之所以用"番茄"来命名，是因为西里洛大学时期使

用的计时器是番茄形状的）。在这25分钟里，你要一门心思只做一件事，不受任何干扰。等这25分钟结束了，就休息5分钟。每完成4个番茄时间，可以多休息一会儿，休息15到30分钟。

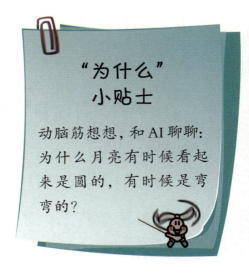

"为什么"小贴士

动脑筋想想，和AI聊聊：为什么月亮有时候看起来是圆的，有时候是弯弯的？

　　为什么这个方法这么有效呢？因为我们的大脑就像一台小机器，持续工作太久就会"发热"、变累，效率就会降低。而番茄工作法就像给大脑制定了工作和休息的节奏，让大脑能保持高效运转。比如写作业的时候，以25分钟为一个单位，在这25分钟里专注写作业，不玩文具、不发呆。25分钟一到，就休息5分钟，活动一下身体、喝点水，这样大脑就能重新充满活力，再继续下一个 25 分钟的学习，学习效果自然会更好。

番茄工作法应如何应用呢？

第一步，设定任务。

在开始使用番茄工作法之前，要先明确自己要做什么任务，比如"完成数学作业"。如果作业量比较大，可以把它细分成几个小任务，如完成数学课本某一页的习题、做完配套练习册的某一单元等。只有清楚知道自己要做

这 25 分钟内，你需要全神贯注地学习，你的玩具暂时由我保管。

明白，你小心点保管，玩具都是珍藏版的。

什么，才能更好地安排时间。

第二步，启动番茄钟。

把计时器设定为 25 分钟，这就是一个番茄时间。在这 25 分钟里，全身心投入设定的任务。比如做语文阅读练习，就认真读文章、思考问题、写下答案，其他事情一概不管。就算突然想到有个玩具很好玩，或者想看一会儿电视，也要忍住，坚持专注在阅读练习上。

第三步，进行休息。

当 25 分钟的番茄时间结束，闹钟响起，就立刻停下手中的任务，开始 5 分钟的休息。这 5 分钟可以站起来活动一下，扭扭腰、伸伸腿，放松一下身体；也可以看看窗外的风景，让眼睛休息休息。但注意不要做太兴奋的事情，比如激烈地玩游戏，不然很难快速回到学习状态。

第四步，循环进行。

完成一个番茄时间并进行一次休息后，接着开始下一个番茄时间，继续没做完的任务。就这样一个番茄时间接一个番茄时间地进行，直到完成整个大任务。在完成 4 个番茄时间后，可以进行一次较长时间的休息，比如看一会儿课外书、吃点小零食，奖励一下自己。

　　那么，AI 时代如何更好地使用番茄工作法呢？

　　有很多智能时间管理 App 能成为我们的

得力助手。当你准备开始学习时，只需打开App，告诉它你今天的学习目标，比如"背诵英语单词和完成语文作文"。App 会根据任务的难易程度和你的日常学习进度，将大任务分解为若干小任务，并为每个任务设定合适的番茄钟。有的 App 还能为番茄钟设置有趣的声音，比如可爱的小鸟叫声或欢快的音乐声，提醒你一个番茄时间结束了。

此外，还有一些学习 App 会在你开启番茄钟后，自动屏蔽手机上的其他通知消息，确保你不会被打扰。更棒的是，它们还能播放一些有助于集中注意力的白噪声，如轻柔的海浪声、沙沙的树叶声，让你在安静舒适的氛围中专心学习。

你还可以将自己的学习数据和习惯告诉AI，让它帮你优化学习计划。它会综合考虑你完成不同学科任务的效率、休息时间的恢复效果等因素，为你制订更合理的学习计划。比如，如果它发现你上午学语文的效率更高，下午做数学题更专注，就会安排你上午学语文、下午学数学，并合理调整你的番茄时间和休息时间，让你的学习更高效。

同学们，番茄

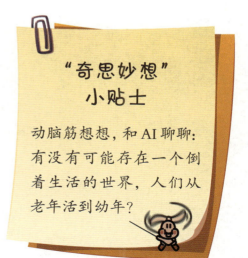

"奇思妙想"
小贴士

动脑筋想想，和AI聊聊：有没有可能存在一个倒着生活的世界，人们从老年活到幼年？

工作法就像一个贴心的时间小管家，能帮助我们合理安排时间，提高学习效率。在 AI 的助力下，它能变得更强大，赶紧用起来吧！

第 7 章

关于 AI，你可能会问

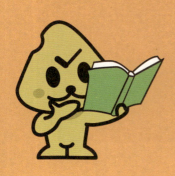

7.1　有了 AI，我是不是就不用学习了？

AI 确实很厉害，能帮我们快速找到知识答案、解答很多难题，但它绝不能替代我们的学习过程。学习可不只是为了知道答案，更重要的是培养思考、探索和创造的能力。

就像我们看到一处美丽的风景，如果没有学习的积累，可能就只会兴奋地一拍大腿说："美，真美！"但要是我们努力学习了，读过很多诗词文章，积累了丰富的知识储备，看到美丽的日出，我们就能想到"日出江花红胜火，春来江水绿如蓝"；看到雄伟的高山，就会联想到 "会当凌绝顶，一览众山小"；看到平静的湖面，也会吟出 "湖光秋月两相和，潭面无风镜未磨"。学习赋予了我们更细腻的感受和更丰富的表达方式，让我们能够更好地描绘眼中的世界。

除此之外，学习能让我们变得更聪明、更有能力，能够培养我们解决问题、与人相处的本领。即使 AI 提供了很多信息，能提高我们的学习效率，但要想理解和运用这些信

息，还是得靠自己努力学习。所以，就算有了AI，我们也要好好学习，不断进步，这样才能成为更优秀的人！

7.2 有了AI，爸爸妈妈是不是就不需要学习了？

其实不是的，同学们，爸爸妈妈也是需要不断学习的哦。

虽然他们比我们年龄大，知道很多事情，但这个世界变化得太快了。就像现在出现了很

多新的科技产品，
如果爸爸妈妈不学
习，就没办法很好
地使用它们。甚至
用手机买东西、和
远方的朋友视频聊
天，这些都是需要
学习才能会的。

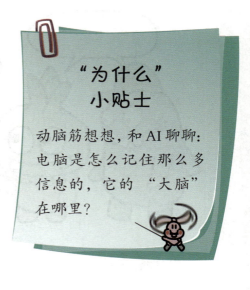

"为什么"
小贴士

动脑筋想想，和 AI 聊聊：
电脑是怎么记住那么多
信息的，它的 "大脑"
在哪里？

　　在工作中，新的知识和技能层出不穷，
爸爸妈妈要想把工作做好，就必须不断学习新
东西。比如，做设计师的爸爸妈妈需要学习新
的设计理念和软件工具；做医生的爸爸妈妈则
需要掌握新的医疗技术和药物知识。

　　在生活中也是如此，为了照顾好我们，
爸爸妈妈需要学习如何做出更营养美味的饭
菜，如何和我们更好地沟通相处。所以呀，不
管年龄多大，学习都是必不可少的。

7.3 AI 会抢走我的工作吗?

同学们，AI 确实很厉害，能胜任很多工作，比如工厂里一些简单重复的流水线作业，还有数据录入等，它都能做得又快又好。但是，有很多工作 AI 是做不到的。比如，AI 虽然可以在一定程度上像医生那样分析病情，但与病人交流、给予他们关怀和鼓励，甚至做出治疗决策等，还是得靠我们人类医生。

而且，随着 AI 的发展，也会出现很多新

再不努力学习，AI 就要取代我了!

的工作机会。比如开
发 AI 的工程师、
训练 AI 的工作
人员等。所以，
只要我们努力学
习，不断提升自己

的能力，掌握新的知识和技
能，未来我们不仅不用担心工作被 AI 取代，
反而能找到更有趣、更有意义的工作，与 AI
一起让世界变得更美好。

7.4　AI 提供的信息都是对的吗？

同学们，AI 提供的信息可不都是对的哟。
AI 是根据程序和搜集到的数据来回答问题的，
但这些数据有时候可能会错误或者不全面。
就像在网上，有些信息本身就是不准确的，AI
可能会把这些错误的信息传递给我们。

所以，当我们从 AI 那里得到信息后，不要急着相信。比如，当 AI 告诉我们一个科学知识后，我们可以再去查查其他书籍，或者问问老师，又或者去可靠的网站验证一下。还可以多问几个为什么，想想这个信息合不合理。如果发现 AI 给出的信息不对，我们也可以反馈给相关的开发人员，帮助他们让 AI 变得更准确。

只要我们学会辨别信息的真假，不盲目相信 AI，就能从它那里获得有用的知识，还不会被错误的信息误导。

7.5　AI 会影响我和爸爸妈妈的关系吗？

同学们，我想告诉你们，如果我们总是花很多时间和 AI 在一起，不和爸爸妈妈交流，那真有可能会让他们感到难过，让亲子关系变得疏离。

但是，如果我们能合理地使用 AI，把它当作生活中的一个工具，而不是全部，那就没问题啦。比如，我们可以和爸爸妈妈一起，

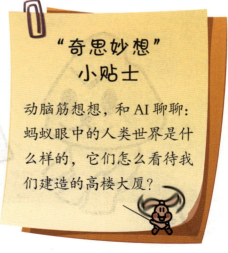

"奇思妙想"
小贴士

动脑筋想想，和 AI 聊聊：蚂蚁眼中的人类世界是什么样的，它们怎么看待我们建造的高楼大厦？

用 AI 查找旅游攻略，计划全家的旅行；或者一起用 AI 学习新的烹饪方法，做一顿美味的晚餐。这样，AI 还能成为我们和爸爸妈妈之间的纽带，帮助我们共同度过更多美好的时光。所以，只要我们多和爸爸妈妈分享自己的想法和感受，多花时间陪伴他们，就不用担心 AI 会影响我们和爸爸妈妈的关系啦。

7.6 AI 这么聪明，我努力学习还有什么用呢？

　　同学们，虽然 AI 看起来很聪明，知道很多知识，能快速解答问题，但这并不意味着我们就不用努力学习了。AI 只是一种工具，它没有自己的思想和创造力。比如，AI 可以根据程序生成一篇文章，但它无法像我们一样，结合自己的生活经历、感受和情感，创作出充满真情实感、独一无二的作品。

我们努力学习，不仅是为了获取知识，更是为了培养自己的思维能力、问题解决能力和创造力。学习还能让我们学会如何与人相处、如何面对困难和挫折。而且，只有通过学习，我们才能真正理解和运用 AI 提供的信息。如果我们不学习，即使 AI 给出了答案，我们也可能不明白其中的道理。所以，我们要努力学习，让自己变得更强大，这样才能更好地利用 AI，创造出更美好的未来。

7.7　有了 AI，我还需要朋友吗？

同学们，有了 AI 并不意味着我们就不需要朋友了。

AI 确实能陪我们聊天、做游戏、解答问题，给我们带来很多乐趣和帮助。它知道很多

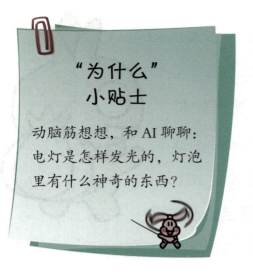

知识，能随时回应我们，但别忘了，它是按照程序运行的。如果我们不先开口提问或者发出指令，它是不会主动和我们交流、回应我们的。比如，你要是不跟它说话、不输入问题，它就会安安静静地待在那里，不会主动来关心你今天过得怎么样，心情好不好。

而真正的朋友和家人可不是这样的。真正的朋友，会在你还没开口的时候，就敏锐地察觉到你的情绪变化。当你闷闷不乐，哪怕一句话不说，朋友也会主动凑过来，轻声问你怎么了，陪在你身边，给你安慰。他们会主动分享自己生活里的趣事，逗你开心，也会在你需要帮助的时候，毫不犹豫地伸出援手。

家人就更是如此了，他们会时刻把你放在心上。寒冷的冬天，可能会主动给你送来温暖的围巾；你忙碌一天回到家，不用你说，他们就为你准备好了可口的饭菜。他们对你的关心和爱，是自然流露的，不需要你先提出要求。

　　所以，同学们，AI 虽然是我们生活中的好帮手，但真正的朋友和家人给予我们的那种温暖、关心和爱，是 AI 永远给不了的。我们要珍惜身边的朋友和家人，用心去感受这份独一无二的情感。

第 8 章

预防沉迷：不要让 AI
"偷走" 你的成长

亲爱的同学们，虽然 AI 像一个超级厉害的"万事通"，能迅速回答我们各种各样的问题，还能陪我们玩有趣的游戏，给我们讲故事，但要是我们太沉迷于 AI，可不是一件好事。

大家想想，如果我们一遇到难题就去问 AI，让它给出答案，虽然这样能很快知道结果，但久而久之，我们可能就懒得动脑筋了。

我们学习新知识、探索新事物的过程，本质上就是在进行思考。如果因为迷恋 AI 的即时反馈而放弃思考，那我们就错失了变得更聪明的机会。

此外，长时间盯着电子产品对眼睛的伤害也是很大的，时间久了，会让我们的视力下降。而且，老坐着不动看电子产品，身体也会缺乏锻炼。我们需要出去跑跑跳跳，和小伙伴们一起玩耍，这样身体才能变得强壮。

想想看，在现实中，我们能亲手触摸、感受到好多奇妙的事物：春天，我们可以到公

虽然 AI 能提供答案，但是独立思考、亲身体验也很重要！

园里闻闻花香，听听鸟儿唱歌，看小草从土里钻出来；夏天，能去游泳池玩水，感受水的清凉；秋天，可以捡起一片片金黄的落叶，做成漂亮的书签；冬天，我们能打雪仗、堆雪人，体验冰雪带来的快乐。我们还能和爸爸妈妈、爷爷奶奶一起，享受温暖的亲情；和小伙伴们一起做游戏，收获珍贵的友谊。这些真实的体验，是 AI 和电子产品给不了的。

AI 确实是我们学习和生活的好帮手，就像一把有用的小工具，但我们要学会驾驭它，而不能被它驱使。

为了避免沉迷 AI，大家可以参考以下防沉迷指南。

1.制订使用计划：每天给自己规定好使用 AI 和电子产品的时间段与时长。比如，放学后完成作业后，可以使用 30 分钟来查阅学习资料或玩益智 AI 游戏。周末可以适当增加

至 1 小时，但要分时段进行，避免长时间连续使用。

2. 设置提醒闹钟：在使用电子产品查看 AI 内容前，先设置好闹钟。闹钟一响，就必须停止使用，休息一会儿。这样能有效防止因专注于 AI 内容而忘记时间，从而减少对眼睛和身体的伤害。

3. 先思考再求助：遇到问题时，先自己思考 10~15 分钟，尝试从课本或之前学过的知识中找答案。如果实在没有头绪，再向 AI 寻求帮助。在 AI 给出解答后，要仔细分析它的思路，对比自己的思考过程，总结经验。

4. 增加户外活动：每天安排 1~2 小时的户外活动，如跳绳、踢毽子、骑自行车或与小伙伴们在户外玩捉迷藏等。户外活动不仅能锻炼身体，还能放松眼睛，减少对 AI 和电子产品的依赖。

5. 培养多元兴趣：除了使用 AI，尝试培养一些其他的兴趣爱好，如绘画、手工制作、阅读课外书籍或学习乐器等。当有了丰富多样的兴趣活动，就不会总是沉迷在 AI 世界里了。

6. 家长监督配合：主动邀请家长监督自己使用 AI 和电子产品的情况，并让家长帮忙保管电子设备。只有在规定时间内，经过家长同意才能使用。如果自己能遵守使用规则，可

快点啊！你这前锋进攻端不给力啊！

让……我……歇会儿……

以让家长给自己一些小奖励，如周末一起去公园玩耍等。

让我们珍惜现实世界的美好，在真实的生活中快乐成长，让自己变得越来越优秀！

附录 搞定学习，你可以这样向 AI 提问

复习场景

1."针对这次〔学科〕考试的重点章节，帮我梳理一下核心知识点，最好以思维导图形式呈现。"

2."我之前〔具体知识点〕学得不太好，给我出几道相关的复习题，附带详细解答。"

3. "用简单易懂的方式，给我讲讲〔复杂知识点〕在整个知识体系中的关联和作用。"

4. "帮我总结〔学科〕本学期所有实验的目的、步骤和注意事项。"

5. "以故事的形式，串起〔历史／政治等学科单元〕这一单元的重要事件。"

预习场景

1. "〔下节课要学的课题〕涉及哪些基础概念，给我简单解释一下。"

2."预习〔学科章节〕一节，我应该重点关注哪些部分，帮我圈划出来。"

3."对于即将学习的〔新知识点〕，有哪些生活中的例子可以帮助我理解？"

4."用动画演示的方式，给我展示一下〔物理/化学等学科章节〕一节要讲的原理。"

5."我预习了〔课文/章节〕，不太明白〔具体疑惑点〕，帮我解答。"

写作业场景

1."我不太理解下面这道题的题意，能给我分析一下解题思路吗：〔作业中的难题〕？"

2."请指出下面作文中的语法错误和逻辑问题，并给出具体的修改建议：〔语文作文／英语作文〕。"

3."完成这份数学作业，有哪些高效的计算技巧可以用：〔数学作业〕？"

4."帮我翻译下面的文章并分析作者的情感：〔作业中的文言文／古诗词〕。"

5."下面这道题，除了参考答案中的方法，还有其他的解题方式吗：〔作业中的难题〕？"

你的魔法杖，握在自己手里。

亲爱的小探险家们，翻完这本书，你们是不是已经迫不及待想带着神奇的 AI 工具去征服知识世界了呢？不过，在出发前，请记住这句话：AI 是你最厉害的朋友，但真正的魔法，永远藏在你的眼睛里、双手里和心里。

什么是比答案更珍贵的东西？

想象一下，你有一个能轻松翻译古文、会计算数学题、24 小时在线的故事创作者朋友。它能帮你快速找到迷宫的出口，但它永远无法让你感受到亲手画出第一张地图时的兴奋；它能告诉你"天空为什么是蓝色"，但只有你自己抬头观察云朵形状时，才能发现它像棉花糖还是巨鲸。

　　但，最珍贵的宝藏不是 AI 给的答案，而是你寻找答案时流过的汗水和思考的火花。

AI 很聪明，但它不知道你为什么会为解出数学题欢呼，也不知道你偷偷把错题改编成漫画时的创意。它能分析作文的结构，却猜不到你写下"我的妈妈像超人"时的真挚情感；它能预测考试重点，但永远给不了你课堂上举手提问时，老师眼中亮起的惊喜光芒。

　　AI 能生成无数个"正确答案"，不过人生的精彩答案，永远由你亲手书写。